CUSCÚS
Y TAYINES

CUSCÚS
Y TAYINES

100 RECETAS

Librero

ÍNDICE

CUSCUSERA

1 Para cocer la sémola al vapor, necesitará una cuscusera tradicional o una vaporera (una olla sobre la que se encaja un colador). Es muy importante que el vapor no se escape entre la parte inferior y la superior; para ello, puede anudar un paño de cocina alrededor del borde como cierre. Si, por el contrario, opta por cocer la sémola por separado en agua hirviendo (el método que recomienda este libro), basta con una olla y su tapa para preparar el caldo. Cuando esté lista la sémola, se puede mantener caliente colocándola en un colador, a su vez colocado dentro de la olla sobre el caldo hirviendo (sin que llegue a tocarlo).

2 ## CUCHILLO Y TABLA DE CORTAR
Con un cuchillo pequeño (cuchillo de cocina) bien afilado y una tabla de cortar, le será fácil elaborar las recetas de este libro. Un cuchillo afilado facilita mucho el trabajo, lo hace más limpio y ofrece la única posibilidad (aparte de llevar gafas de buceo...) de no acabar llorando al cortar cebolla. Si el cuchillo está bien afilado, no aplasta la cebolla y, por tanto, no sale el jugo que hace llorar.

3 ## FUENTE HONDA (GASSA)
Esta fuente, que se puede sustituir por la base de un tayín, sirve tanto para preparar la sémola como para servirla.

TAYÍN (O NO...)

1 El tayín es un plato hondo de barro cocido esmaltado. Cuenta con una tapa cónica perfectamente hermética que permite cocer los alimentos a muy baja temperatura y con poco líquido. El inconveniente de este tipo de cocción es la duración. El tayín está pensado para cocinar sobre brasas y se rompe a alta temperatura, por lo que los tiempos de cocción son muy largos. Por eso, en las cocinas occidentales, se prefiere empezar la cocción en la sartén para precocinar y concentrar el sabor de los alimentos, y, luego, transferir el contenido de la sartén al tayín y continuar la cocción a fuego bajo. Si no dispone de un tayín, o por comodidad, puede preparar el tayín íntegramente en una sartén con una tapa adecuada. Este es el método de cocción que se usa en este libro. Además, y como es habitual en muchos restaurantes, el tayín se puede utilizar únicamente como fuente de presentación.

2 **SARTÉN PARA SALTEAR**
Las sartenes para saltear tienen los bordes un poco más altos y acampanados que las sartenes clásicas. Los bordes altos contienen el líquido, mientras que la forma acampanada favorece la evaporación de este para concentrar la salsa y darle más sabor y textura.

INGREDIENTES

1 LIMÓN CONFITADO
Solo se utiliza la piel, que aromatiza tayines y cuscuses.

2 ALMENDRAS ENTERAS PELADAS
Si se tuestan en seco en una sartén, están aún más buenas.

3 ACEITE DE OLIVA
En el libro se usa sobre todo para cocinar, no para condimentar, por lo que basta con un aceite de calidad media.

4 SÉMOLA DE TRIGO DURO DE GRANO FINO
También se puede usar una de grano medio; es cuestión de gustos.

5 CEBOLLA
La cebolla aparece en casi todas las recetas: espesa las salsas y da un sabor ligeramente dulce.

6 UVAS PASAS
Las uvas pasas combinan especialmente bien con la cebolla. Por eso, estos dos ingredientes suelen aparecer juntos en tayines y cuscuses.

7 GARBANZOS EN CONSERVA
Cocer garbanzos puede ser una experiencia larga y dolorosa: hay que dejarlos en remojo durante un mínimo de 12 horas y, según la variedad, la cocción puede durar entre 1 y 3 horas. Por eso es mejor comprarlos en conserva: así seguro que quedarán tiernos con el mínimo esfuerzo.

8 CONCENTRADO DE TOMATE
Los tomates se usan mucho en la cocina oriental, pero pueden resultar decepcionantes cuando se usan fuera de temporada o en países con poco sol. Para evitar este problema, opte por concentrado de tomate, que aporta a los platos un bonito color rojo y un intenso sabor a tomate.

9 ESPECIAS
El jengibre, la cúrcuma, el cilantro, la canela y la pimienta son las especias más utilizadas en este libro. También puede usar la mezcla de cuatro especias (canela, jengibre, clavo y nuez moscada) y ras el-hanut.

SALSA CARAMELIZADA CON OREJONES

- 250 g de orejones cortados en cuartos
- 50 g de mantequilla en dados grandes
- 50 g de azúcar
- ½ cucharadita de canela
- 125 ml de agua

Lleve a ebullición el agua con el azúcar, la canela, la mantequilla y los orejones. Deje que cueza la salsa 5 minutos a fuego bajo hasta que se espese. Pásela a un recipiente pequeño, deje enfriar y ciérrelo. Se conservará hasta 1 semana en el frigorífico.

PASAS Y CEBOLLAS CARAMELIZADAS

- 100 g de pasas
- 350 g de cebollas cortados por la mitad y luego en rodajas no muy finas
- 2 cucharadas de aceite de oliva
- 1 cucharada colmada de azúcar
- 100 ml de agua

Ponga las pasas en remojo en agua templada. Caliente el aceite de oliva en una sartén grande a fuego medio-fuerte y dore las cebollas. Espolvoree el azúcar y mezcle. Vierta agua hasta cubrir los ingredientes y hierva a fuego bajo durante 15 minutos sin tapar. Escurra las pasas, añádalas, mezcle y cueza durante 10 minutos más.

SALSA DE CASTAÑAS Y FRUTOS SECOS

- 250 g de castañas cortadas por la mitad
- 100 g de orejones cortados en cuartos
- 150 g de higos secos cortados en cuartos
- 100 g de mantequilla en dados grandes
- 100 g de azúcar
- 1 cucharadita de canela
- 250 ml de agua

Vierta el agua, el azúcar, la mantequilla, la canela, los orejones, los higos y las castañas cocidas en una cazuela. Lleve a ebullición. Baje el fuego y deje hervir a fuego bajo durante 5-10 minutos o hasta que la salsa se espese. Retire del fuego. Vierta en un recipiente, deje enfriar y cierre. Se conservará hasta 1 semana en el frigorífico.

PASAS Y CEBOLLAS CARAMELIZADAS

SALSA DE CASTAÑAS Y FRUTOS SECOS

SALSA CARAMELIZADA CON OREJONES DE ALBARICOQUE

PARA 40 G - 10 MINUTOS DE PREPARACIÓN

PASTA PICANTE

- 1 guindilla verde o roja
- 4 dientes de ajo
- 1 cucharadita de cúrcuma molida
- 2 cucharaditas de jengibre molido
- 1 cucharadita de cilantro
- 1 cucharadita de ras el-hanut
- 1 cucharadita de sal
- 3 cucharadas de aceite de oliva

PASTA PICANTE RÁPIDA

Use 1 cucharadita de harissa, mejor si, además de guindilla, contiene especias y ajo.

1 Quítele el tallo a la guindilla. Córtela por la mitad y retire las nervaduras blancas y las semillas. Trocee y reduzca a una pasta con un robot de cocina (o un mortero).

2 Corte los dientes de ajo por la mitad, pélelos, lávelos y elimine el germen si es necesario. Exprima la pasta de guindilla en un colador de malla fina presionándola contra la malla para extraer el líquido.

3 Devuelva la guindilla al robot de cocina con el ajo, las especias y la sal. Triture. Añada el aceite de oliva y mezcle. Se conservará hasta 2 semanas en un recipiente en el frigorífico.

CHERMULA

- 40 g de cilantro
- 40 g de perejil
- 2 dientes de ajo
- 1 limón
- ½ cucharadita de pimentón dulce
- ½ cucharadita de sal
- ½ cucharadita de comino
- 40 ml de vinagre de vino tinto
- 70 ml de aceite de oliva

1 Lave el cilantro y el perejil y séquelos. Corte los tallos por debajo de las hojas. Corte los dientes de ajo por la mitad, pélelos, lávelos y quite el germen. Ralle la cáscara del limón y exprima el limón.

2 Triture juntos el ajo, el pimentón y la sal hasta que obtenga un puré. Añada el comino y las hierbas. Triture hasta que obtenga una pasta.

3 Vierta el zumo de limón, el vinagre de vino tinto, el aceite de oliva y la ralladura de limón. Mezcle con un tenedor.

4 Vierta en un recipiente hermético. Se conservará hasta 1 semana en el frigorífico.

CHERMULA EXPRÉS

Mezcle 2 dientes de ajo picados muy finos, 2 cucharaditas de mezcla de chermula (Saravane®, por ejemplo) y el zumo de 1 limón. Vierta 40 ml de vinagre de vino tinto y 70 ml de aceite de oliva. Se conservará hasta 1 semana en el frigorífico en un recipiente hermético.

PARA 250 G - 10 MINUTOS DE PREPARACIÓN - 12 HORAS DE MARINADO

ACEITUNAS MARINADAS CON AJO Y ALBAHACA

- 250 g de aceitunas verdes en salmuera
- 4 o 5 ramitas de albahaca
- 2 dientes de ajo
- Aceite

CONSEJO

Si utiliza aceite de oliva, no deje las aceitunas marinadas en el frigorífico, ya que el aceite se solidificará. Si desea conservar las aceitunas en el frigorífico, use aceite de girasol.

1 Lave bien las aceitunas y séquelas con papel absorbente.

2 Lave la albahaca, deshójela y seque las hojas. Apílelas, enróllelas bien y córtelas muy finas a lo ancho.

3 Corte los dientes de ajo por la mitad, lávelos, quite el germen y córtelos en láminas finas o píquelos.

4 Mezcle en un bol grande las aceitunas, el ajo y la albahaca. Transfiera a un recipiente hermético del tamaño adecuado, vierta aceite hasta que cubra las aceitunas, tape y deje marinar al menos 12 horas antes del consumo. Se conservarán hasta 7 días.

16 ANTES DE EMPEZAR

ACEITUNAS MARINADAS CON AJO Y ALBAHACA

CHERMULA

PASTA PICANTE

COCCIÓN

1 ### SELLAR LA CARNE
Caliente el aceite en una sartén grande o en un tayín «para todo tipo de fuegos». Si es para cuscús, el procedimiento es idéntico, pero en la cuscusera. Cuando el aceite esté muy caliente, añada la carne en una sola capa y sin que los trozos se toquen. Dore bien y deles la vuelta a los trozos para sellarlos por ambos lados. Retire los trozos de carne y baje a fuego medio.

CONSEJO
Cueza la carne en varias tandas si es necesario. Recuerde bajar progresivamente la temperatura del fuego para evitar que el jugo de la carne se queme en el fondo.

2 ### CEBOLLAS Y HORTALIZAS
Ponga las cebollas y espolvoree sal. Mezcle hasta que se pochen. Añada las demás hortalizas y mezcle.

3 ### ESPECIAS
Añada las especias, mezcle para que desprendan sus aromas e impregnen la cebolla.

4 ### COCER A FUEGO LENTO
Devuelva la carne y su jugo a la sartén y mezcle bien. Vierta el agua. Lleve a ebullición, tape y baje el fuego (el líquido debe hervir ligeramente). Mantenga al fuego el tiempo que indique la receta; la carne debe quedar muy tierna.

5 ### VIGILAR
Si utiliza una tapa con agujeros (como la de un tayín), vigile que el líquido no se evapore demasiado. De ser así, baje más el fuego y añada un poco de agua.

Si usa una tapa sin agujeros, al final de la cocción del tayín tendrá que quitar la tapa y subir el fuego para que los ingredientes hiervan a fuego lento durante 15 minutos y la salsa espese: de este modo, la salsa quedará más cremosa y sabrosa.

ATENCIÓN
Los tayines de barro no se pueden poner a fuego fuerte.

Si usa materiales antiadherentes, reduzca a la mitad la cantidad de aceite.

SÉMOLA

1 HIDRATAR LA SÉMOLA
Ponga 300 g de sémola fina en un plato hondo grande. Añada 1 cucharadita de sal gruesa a 300 ml de agua hirviendo y viértala toda sobre la sémola. Mezcle con una cuchara para que toda la sémola quede empapada. Alise la superficie y deje reposar durante 5 minutos.

2 LA MANTEQUILLA
Añada 40 g de mantequilla cortada en trocitos sobre la sémola.

3 SEPARAR LA SÉMOLA
Frote la sémola entre las manos para que la mantequilla penetre en los granos y que los granos que se hayan pegado se separen.

4 LISTA PARA SERVIR
Sirva inmediatamente o manténgala caliente volcándola en la parte superior de la cuscusera (el colador que encaja en la olla), y déjela tapada sobre el caldo del cuscús caliente hasta el momento de servir.

CUSCÚS DE CORDERO CON HABAS

- 1 paletilla de cordero de aproximadamente 1,5 kg, totalmente deshuesada y cortada en 15-20 trozos
- 500 g de calabacines
- 200 g de habas peladas congeladas
- 150 g de guisantes congelados
- 1 cebolla
- 4 cucharadas de aceite de oliva
- 1 cucharadita de sal
- 2 cucharaditas de ras el-hanut
- 500 ml de agua

SÉMOLA
- 300 g de sémola fina
- 1 cucharadita de sal gruesa
- 300 ml de agua
- 40 g de mantequilla

1 Corte la cebolla por la mitad, pélela, lávela y córtela en rodajas no muy finas. Seque la carne con papel absorbente y sálela con ½ cucharadita de sal.

2 Vierta el aceite de oliva en la olla de la cuscusera y caliente a fuego fuerte. Dore el cordero por todos los lados y retire la carne. Baje a fuego medio.

3 Añada la cebolla y sale con el resto de la sal. Espere a que se poche y, entonces, añada el ras el-hanut. Mezcle bien. Añada la carne y mezcle. Vierta el agua y llévela a ebullición. Baje el fuego, tape y deje que cueza durante 1 hora.

4 Lave los calabacines, retire los extremos y córtelos por la mitad o en tres trozos (dependiendo del grosor) a lo largo y luego en tres trozos a lo ancho.

5 Añada a la olla los guisantes, las habas y los calabacines. Lleve a ebullición y deje que cueza durante 20 minutos a fuego medio sin tapar.

6 Prepare la sémola (véase la página 20) y sirva.

CUSCÚS DE CORDERO CON ESPINACAS Y NABOS

- 1 paletilla de cordero de aproximadamente 1,5 kg, totalmente deshuesada y cortada en 15-20 trozos
- 500 g de espinacas congeladas
- 500 g de nabos
- 2 zanahorias
- 2 cebollas
- 500 ml de agua + ½ vaso
- 4 cucharadas de aceite de oliva
- ½ cucharadita de jengibre molido
- 1 ½ cucharaditas de sal
- ½ cucharadita de cúrcuma molida
- 1 cucharadita de pimienta

SÉMOLA

- 300 g de sémola fina
- 1 cucharadita de sal gruesa
- 300 ml de agua
- 40 g de mantequilla

1 Corte las cebollas por la mitad, pélelas, lávelas y córtelas en rodajas no muy finas. Seque la carne con papel absorbente y sálela con ½ cucharadita de sal.

2 Vierta el aceite de oliva en la olla de la cuscusera y caliente a fuego fuerte. Dore el cordero por todos los lados y sáquelo de la olla.

3 Baje a fuego medio. Ponga la cebolla en la olla y sale con el resto de la sal. Poche la cebolla y añada el jengibre, la pimienta y la cúrcuma. Mezcle bien. Añada la carne. Vierta 500 ml de agua y llévela a ebullición. Baje el fuego, tape la olla y deje que cueza durante 1 hora.

4 Pele los nabos y córtelos en cuatro trozos. Pele las zanahorias, córtelas longitudinalmente por la mitad y luego en tres trozos a lo ancho. Añada el nabo y la zanahoria a la olla y deje que cueza durante 20 minutos.

5 Descongele las espinacas en una cazuela con ½ vaso de agua a fuego fuerte durante 10 minutos, sin dejar de remover.

6 Prepare la sémola (véase la página 20). Añada a la olla las espinacas y el agua de cocción. Deje que cueza durante 5 minutos y sirva.

PARA 4 PERSONAS - 25 MINUTOS DE PREPARACIÓN - 1 HORA Y 10 MINUTOS DE COCCIÓN

CUSCÚS DE CORDERO CON BONIATO

- 1 paletilla de cordero de aproximadamente 1,5 kg, totalmente deshuesada y cortada en 15-20 trozos
- 1 kg de boniatos
- 1 pimiento verde
- 4 cucharadas de aceite de oliva
- 2 cebollas
- 1 ½ cucharaditas de sal
- ½ cucharadita de pimienta
- ½ cucharadita de cúrcuma molida
- 1 cucharadita de jengibre molido
- 250 ml de agua

SÉMOLA
- 300 g de sémola fina
- 1 cucharadita de sal gruesa
- 300 ml de agua
- 40 g de mantequilla

1 Corte las cebollas por la mitad y luego en rodajas no muy finas. Retire las semillas y las nervaduras blancas del pimiento. Córtelo a lo ancho en tiras no muy finas. Pele los boniatos, córtelos longitudinalmente por la mitad y luego en trozos grandes.

2 Seque la carne con papel absorbente y sálela con ½ cucharadita de sal. Vierta el aceite de oliva en la parte inferior de la cuscusera (la olla) y caliéntelo a fuego fuerte. Dore el cordero por todos los lados y retírelo de la olla.

3 Ponga la cebolla en la olla y sale con el resto de la sal. Poche la cebolla y añada el pimiento, la pimienta, la cúrcuma y el jengibre. Añada la carne y mezcle. Vierta el agua en la olla y llévela a ebullición.

4 Ponga el boniato troceado en la parte superior de la cuscusera (el colador) y tape. Baje a fuego medio-bajo y deje que cueza durante 1 hora o hasta que la carne y el boniato estén tiernos.

5 Prepare la sémola (véase la página 20). Añada a la olla el boniato y la carne, mezcle y sirva.

CUSCÚS DE CORDERO CON SIETE VERDURAS

- 1 paletilla de cordero de aproximadamente 1,3 kg, totalmente deshuesada y cortada en 15 trozos
- 2 zanahorias
- 3 nabos
- 1 pimiento verde
- 2 tomates
- 1 cebolla roja
- 1 calabacín
- 250 g de garbanzos en conserva (con su agua)
- 4 cucharadas de aceite de oliva
- 1 ½ cucharaditas de sal
- ½ porción de pasta picante (página 14)
- ½ cucharada de concentrado de tomate
- 500 ml de agua

SÉMOLA
- 300 g de sémola fina
- 1 cucharadita de sal gruesa
- 300 ml de agua
- 40 g de mantequilla

1 Corte la cebolla por la mitad y luego en rodajas. Seque la carne con papel absorbente y sálela con ½ cucharadita de sal.

2 Caliente el aceite de oliva en la olla de la cuscusera a fuego fuerte. Dore el cordero troceado en varias tandas. Retire el cordero y baje a fuego medio.

3 Rehogue la cebolla en la olla con el resto de la sal. Añada la pasta picante y el concentrado de tomate. Añada el cordero y mezcle. Vierta el agua y llévela a ebullición. Baje el fuego, tape la olla y deje que cueza durante 1 hora.

4 Pele las zanahorias, córtelas longitudinalmente por la mitad y luego en tres trozos a lo ancho. Pele los nabos y córtelos en cuatro trozos. Corte el pimiento en rodajas no muy finas y quite las semillas. Corte los tomates en cuatro trozos y vacíelos. Lave el calabacín, córtelo longitudinalmente por la mitad o en tres trozos y luego en otros tres a lo ancho.

5 Añada a la olla las zanahorias, los nabos, el pimiento y los garbanzos con su agua. Deje que cueza durante 15 minutos. Añada el calabacín y los tomates, prolongue la cocción durante 10 minutos más. Prepare la sémola (véase la página 20) y sirva.

CUSCÚS DE CORDERO CON UVAS PASAS

- 1,5 kg de paletilla o pierna de cordero totalmente deshuesada y cortada en 15 trozos
- 4 cebollas medianas
- 400 g de uvas pasas
- 200 g de garbanzos
- 1 cucharadita de jengibre molido
- 1 cucharadita de cúrcuma molida
- 1 pizca de azafrán
- 40 g de mantequilla
- 4 cucharadas de aceite de oliva
- 1 cucharadita de pimienta
- 1 cucharadita de sal
- 1 litro de agua

SÉMOLA
- 500 g de sémola de grano medio
- 1 cucharadita de sal gruesa
- 500 ml de agua
- 40 g de mantequilla

1 Rehogue la carne y las cebollas picadas en mantequilla y aceite en una cuscusera. Cuando se haya dorado todo, añada los garbanzos (en remojo desde la noche anterior si son secos) y las especias. Sale, vierta 1 litro de agua y mantenga al fuego durante 20 minutos. Añada las uvas pasas y cueza durante 5 minutos más.

2 Prepare la sémola (véase la página 20). Ponga la sémola en una fuente grande y honda, coloque la carne en el centro, riéguela con el caldo y cúbrala con las uvas pasas y los garbanzos.

CUSCÚS DE INVIERNO CON CALABACINES

- 1,5 kg de jarrete de ternera
- 500 g de calabacines
- 300 g de nabos
- 500 g de habas frescas
- 250 g de calabaza
- 2 cebollas
- 2 cucharadas de aceite de oliva
- 50 g de mantequilla
- 500 ml de leche
- 1 manojo de cilantro
- 1 cucharadita de jengibre molido
- 1 cucharadita de cúrcuma molida
- 1 pizca de azafrán
- 1 cucharadita de pimienta
- 1 cucharada de sal

SÉMOLA
- 500 g de sémola de grano medio
- 1 cucharadita de sal gruesa
- 500 ml de agua
- 40 g de mantequilla

1 Caliente el aceite y la mantequilla en la cuscusera y rehogue las cebollas picadas. Añada la carne. Cuando se haya dorado, añada las especias, salpimiente y cubra con agua. Tape y mantenga al fuego durante 20 minutos.

2 Añada las verduras peladas y cortadas y el manojo de cilantro. Prolongue la cocción 15 minutos más.

3 Prepare la sémola (véase la página 20). Retire del caldo las verduras y la carne y colóquelas sobre la sémola. Vierta la leche en el caldo y apague el fuego en cuanto el caldo rompa a hervir. Sirva el cuscús con el caldo.

CUSCÚS DULCE CON POLLO

- 1 pollo de corral de 1,8 kg
- 500 g de uvas pasas
- 4 cebollas
- 100 g de mantequilla
- 1 rama de canela
- 1 cucharada de canela molida
- 1 cucharadita de jengibre molido
- 1 cucharadita de cúrcuma molida
- 1 pizca de azafrán
- 2 cucharadas de azúcar
- 2 cucharadas de miel
- 2 cucharadas de aceite de oliva
- 1 cucharadita de pimienta
- 1 cucharada de sal

SÉMOLA
- 500 g de sémola de grano medio
- 1 cucharadita de sal gruesa
- 500 ml de agua
- 50 g de mantequilla

1 Caliente el aceite y la mantequilla en la cuscusera y rehogue la cebolla picada. Añada el pollo cortado en 8 trozos, las especias, la sal, la pimienta y la rama de canela. Cubra con agua y deje que cueza durante 20 minutos.

2 Retire la cebolla con una espumadera. Saque 2 cucharones de caldo y viértalo en una cazuela. Añada las uvas pasas con la canela, el azúcar y la miel. Deje que cueza a fuego bajo durante 5 minutos.

3 Prepare la sémola (véase la página 20). Ponga el pollo en una fuente, cubra con la sémola y las pasas.

PARA 4 PERSONAS - 40 MINUTOS DE PREPARACIÓN - 1 HORA DE COCCIÓN

CUSCÚS DE DORADA

- 400 g de filetes de dorada
- 4 cucharadas de aceite de oliva
- 2 cebollas
- 250 g de zanahorias
- 2 tomates
- 1 bulbo de hinojo
- 1 cucharadita de semillas de anís
- 1 cucharada de concentrado de tomate
- 2 dientes de ajo
- 1 ½ cucharaditas de sal
- 1 cucharadita de pimienta
- 500 ml de agua

SÉMOLA

- 300 g de sémola fina
- 1 cucharadita de sal gruesa
- 300 ml de agua
- 40 g de mantequilla

1 Parta las cebollas por la mitad, pélelas, lávelas y córtelas en rodajas finas. Pele los dientes de ajo.

2 Pele las zanahorias, córtelas longitudinalmente por la mitad y luego en trozos grandes. Quite la primera capa del hinojo, córtelo en cuartos, retire el corazón y corte los cuartos en láminas no muy finas, siempre a lo largo. Corte el pedúnculo de los tomates, córtelos en cuatro y vacíelos.

3 Caliente el aceite de oliva en la olla de la cuscusera a fuego medio-fuerte. Añada las cebollas con 1 cucharadita de sal y deje que se pochen.

4 Añada las zanahorias, el hinojo y el ajo. Mezcle hasta que el hinojo se poche.

5 Añada el tomate, el concentrado de tomate, las semillas de anís y ½ cucharadita de pimienta. Mezcle bien. Vierta el agua. Lleve a ebullición, tape y cueza a fuego lento durante 45 minutos.

6 Prepare la sémola (véase la página 20). Salpimiente los filetes de pescado con el resto de la sal y la pimienta. Sumérjalos en el caldo hirviendo y cuézalos durante unos minutos. Sirva.

CUSCÚS DE MEJILLONES

- 400 g de mejillones congelados cocidos y sin la concha
- 2 cebollas
- 3 dientes de ajo
- 3 tomates
- 1 pimiento verde
- 4 cucharadas de aceite de oliva
- ½ limón
- ½ cucharadita de cilantro molido
- 1 cucharadita de sal
- ½ cucharadita de pimienta
- ½ cucharadita de comino
- ½ cucharadita de pimentón
- ½ cucharadita de cúrcuma molida
- ½ cucharada de concentrado de tomate
- 500 ml de agua

SÉMOLA
- 300 g de sémola fina
- 1 cucharadita de sal gruesa
- 300 ml de agua
- 40 g de mantequilla

1 Parta las cebollas por la mitad, pélelas, lávelas y córtelas en rodajas no muy finas. Corte los dientes de ajo por la mitad, pélelos, quíteles el germen y májelos. Corte el medio limón en cuatro trozos.

2 Corte las puntas del pimiento y córtelo por la mitad. Retire las semillas y las nervaduras blancas. Córtelo a lo ancho en tiras no muy finas. Retire el pedúnculo de los tomates, córtelos en cuartos y vacíelos.

3 Vierta el aceite de oliva en la olla de la cuscusera y caliente a fuego medio-fuerte. Añada la cebolla, vierta la sal y mezcle hasta que la cebolla se poche.

4 Añada el pimiento, el tomate y el ajo. Mezcle y añada el concentrado de tomate y las especias. Mezcle de nuevo. Vierta el agua, añada los trozos de limón y lleve a ebullición. Baje el fuego, tape y cueza durante 45 minutos.

5 Prepare la sémola (véase la página 20). Enjuague los mejillones congelados en un colador. Escúrralos, añádalos al caldo y prolongue la cocción durante 10 minutos más. Sirva.

PARA 4 PERSONAS - 1 HORA DE PREPARACIÓN - 35 MINUTOS DE COCCIÓN

CUSCÚS DE MARISCO Y CÍTRICOS

- 500 g de berberechos
- 250 g de gambas peladas, congeladas
- 1 bulbo de hinojo
- 2 tomates
- 1 pomelo
- 1 naranja
- 1 limón
- 1 cebolla cortada en rodajas finas
- 2 dientes de ajo aplastados con la hoja de un cuchillo
- 4 cucharadas de aceite de oliva
- 1 cucharadita de jengibre molido
- ½ cucharadita de pimentón
- 250 ml de agua
- Sal y pimienta

SÉMOLA
- 300 g de sémola fina
- 1 cucharadita de sal gruesa
- 300 ml de agua
- 40 g de mantequilla

1 Pele los cítricos. Córtelos por la mitad y luego en rodajas finas. Recoja el zumo que ha quedado en la tabla de cortar.

2 Caliente 2 cucharadas de aceite de oliva en una cazuela a fuego medio-alto y rehogue en él la cebolla. Sale. Añada los berberechos, el zumo de los cítricos y la mitad del ajo. Tape la cazuela y deje que los berberechos se abran durante unos minutos. Escurra, reserve el jugo y quite las conchas. Mida el jugo y añada agua hasta obtener 500 ml de caldo de pescado.

3 Corte el hinojo en cuatro trozos, retire el corazón duro y córtelo en rodajas a lo largo. Pele los tomates, córtelos en cuartos y vacíelos.

4 Caliente el resto del aceite a fuego fuerte en la olla de la cuscusera. Rehogue las gambas 1 minuto por cada lado. Salpimiente. Reduzca a fuego medio y retire las gambas.

5 Añada el hinojo, el tomate, sal y espere a que se pochen. Añada el pimentón, el jengibre y el resto del ajo. Mezcle. Vierta el caldo de pescado colado. Lleve a ebullición, tape y deje que cueza durante 15 minutos a fuego bajo.

6 Prepare la sémola (véase la página 20). Añada las gambas, las almejas y los cítricos a la olla. Caliente durante 3 minutos.

40 CUSCÚS

CUSCÚS DE VERDURAS

- 100 g de judías verdes
- 250 g de garbanzos en conserva (con su agua)
- 1 pimiento amarillo
- 2 zanahorias
- 4 nabos
- 1 bulbo de hinojo
- 4 champiñones
- 1 calabacín
- La ralladura de 1 limón
- 4 cebolletas (la parte blanca)
- 2 dientes de ajo
- 2 cucharadas de aceite de oliva
- 1 ½ cucharaditas de sal
- 1 cucharadita de cilantro molido
- 1 cucharadita de ras el-hanut
- 750 ml-1 litro de agua

SÉMOLA
- 300 g de sémola fina
- 1 cucharadita de sal gruesa
- 300 ml de agua
- 40 g de mantequilla

1 Pele el pimiento, córtelo en rodajas no muy finas y retire las semillas. Pele las zanahorias y los nabos. Córtelos en trozos grandes. Corte el hinojo en cuartos, quítele el corazón y córtelo en rodajas no muy finas a lo largo. Corte el calabacín longitudinalmente en dos o tres trozos y luego en otros tres a lo ancho. Quite el pie de los champiñones y corte los sombreros en cuartos. Corte las cebolletas en rodajitas. Corte el tallo de las judías verdes.

2 Vierta el aceite de oliva en la olla de una cuscusera a fuego medio-fuerte y añada el pimiento, las zanahorias, los nabos, el hinojo y la ralladura de limón. Añada 1 cucharadita de sal y mezcle. Deje que se pochen y añada los champiñones, el calabacín y los dientes de ajo sin pelar. Espolvoree el resto de la sal y mezcle durante 1 o 2 minutos. Espolvoree cilantro y ras el-hanut. Vierta agua hasta que cubra todos los ingredientes y lleve a ebullición. Deje que cueza durante 20 minutos a fuego medio, sin tapar.

3 Añada las cebolletas, las judías verdes y los garbanzos con su agua. Lleve a ebullición y cueza durante 10 minutos a fuego medio. Sirva con sémola (véase la página 20).

PARA 8 PERSONAS - 55 MINUTOS DE PREPARACIÓN - 1 HORA DE REPOSO

ENSALADA DE CUSCÚS

- 200 g de sémola de trigo duro fina
- La ralladura de 1 limón
- 150 ml de zumo de limón (4 limones)
- 3 tomates
- 20 g de hierbabuena
- 40 g de perejil plano
- 1 pimiento amarillo
- ½ pepino sin tratar
- 40 g de uvas pasas
- 3 cebolletas (la parte blanca)
- 100 ml de aceite de oliva
- 100 ml de agua
- 1 ½ cucharaditas de sal
- ½ cucharadita de pimienta

1 Mezcle la sémola y la sal en un recipiente grande, plano y hondo. Añada 50 ml de aceite de oliva. Amase la sémola entre las palmas de las manos para que todos los granos queden untados de aceite. Añada el agua, mezcle, alise la superficie y deje reposar unos minutos. Frote la sémola entre las manos para separar los granos. Añada el zumo de limón, mezcle, alise la superficie y deje reposar.

2 Corte los tomates y el pepino por la mitad y vacíelos con una cucharilla. Ralle 2 tomates y el pepino (por la parte gruesa del rallador) hasta la piel. Deshoje el perejil y la hierbabuena y píquelos muy finos.

3 Vuelva a frotar la sémola entre las manos. Añada a la sémola las hortalizas ralladas, las hierbas, la ralladura de limón y las uvas pasas. Añada 50 ml de aceite de oliva. Condimente con pimienta y mezcle.

4 Corte en dados el resto del tomate. Quite las semillas del pimiento y corte la pulpa en dados. Corte las cebolletas por la mitad y luego en rodajas finas.

5 Añada la cebolleta, el pimiento y el tomate a la ensalada. Mezcle bien, tape y reserve en el frigorífico durante 1 hora.

44 CUSCÚS

PARA 6 PERSONAS - 10 MINUTOS DE PREPARACIÓN - 5 MINUTOS DE COCCIÓN

CUSCÚS CON LECHE Y CANELA

- 500 g de sémola fina
- 150 g de mantequilla
- 500 ml de agua
- 1 cucharada de canela
- 1 cucharada de aceite de cacahuete
- 1 litro de leche
- 1 bol pequeño de azúcar

1 Prepare la sémola siguiendo las indicaciones de la página 20, añada el aceite de cacahuete e incorpore 150 g de mantequilla.

2 Forme un cono y decórelo con canela. Preséntelo con el bol de azúcar y acompañe con leche.

VARIANTE
Ponga 100 g de uvas pasas en remojo y mézclelas con la sémola.

SABER MÁS
En Marruecos, este cuscús se suele servir por la noche, como una cena ligera.

TAYÍN DE POLLO CON ALMENDRAS

- 4 muslos grandes de pollo cortados por la mitad a la altura de la articulación
- 4 cebollas rojas
- 4 cucharadas de aceite de oliva
- 1 diente de ajo
- ½ cucharadita de cúrcuma molida
- ½ cucharadita de jengibre molido
- ¼ cucharadita de pimienta
- 250 ml de agua
- ½ limón
- 150 g de almendras peladas
- 1 ½ cucharaditas de sal

1 Corte las cebollas por la mitad, pélelas, lávelas y córtelas en rodajas no muy finas. Corte el diente de ajo por la mitad, pélelo, lávelo, quite el germen y aplástelo con la hoja de un cuchillo. Espolvoree ½ cucharadita de sal sobre los muslos de pollo.

2 Caliente el aceite de oliva en una sartén grande a fuego vivo. Dore los trozos de pollo por todos los lados. Retírelos de la sartén y baje a fuego medio.

3 Ponga las cebollas en la sartén con el resto de la sal. Rehóguelas y añada el ajo aplastado, la cúrcuma, la pimienta y el jengibre. Mezcle. Añada los trozos de pollo y mezcle bien. Vierta el agua y lleve a ebullición. Tape y deje que cueza durante 1 hora a fuego bajo.

4 Caliente otra sartén a fuego medio-fuerte y dore las almendras en seco (sin materia grasa). Exprima el medio limón.

5 Si la salsa no se ha reducido lo suficiente al final de la cocción, destape la sartén y cueza a fuego bajo durante 15 minutos más. Añada el jugo de limón y las almendras, mezcle y sirva.

TAYÍN DE POLLO CON ACEITUNAS Y LIMÓN

• 4 muslos grandes de pollo cortados por la mitad a la altura de la articulación
• 1 cebolla
• 3 dientes de ajo
• 4 cucharadas de aceite de oliva
• 1 cucharadita de sal
• ½ cucharadita de pimienta
• 1 cucharadita de jengibre molido
• 1 cucharadita de ras el-hanut
• 250 ml de agua
• 10 g de cilantro fresco
• 20 g de perejil fresco
• 100 g de aceitunas verdes sin hueso
• 2 limones confitados

1 Corte la cebolla y el ajo por la mitad, pélelos y lávelos. Corte la cebolla en rodajas no muy finas, quite el germen de los dientes de ajo y aplástelos con la hoja de un cuchillo. Sazone los muslos de pollo con ½ cucharadita de sal.

2 Vierta el aceite de oliva en una sartén grande y caliéntelo a fuego fuerte. Añada el pollo, primero con el lado de la piel hacia abajo, y dórelo por todos los lados. Retire el pollo y baje a fuego medio.

3 Ponga la cebolla en la sartén, espolvoree el resto de la sal y póchela sin dejar de remover. Añada el ajo, el jengibre, el ras el-hanut, la pimienta y mezcle. Añada la carne y vuelva a mezclar. Vierta el agua, lleve a ebullición y baje el fuego, tape y cueza entre 1 hora y 1 hora y media hasta que la carne esté tierna.

4 Lave el cilantro y el perejil, séquelos y deshójelos. Pique las hojas muy finas. Lave las aceitunas y escúrralas. Corte los limones confitados en cuartos, extraiga la pulpa y lave bien la piel. Corte los cuartos de piel de limón por la mitad.

5 Añada la piel de limón troceada, las aceitunas y las hierbas a la sartén. Mezcle y mantenga a fuego medio y sin tapar durante 15 minutos.

TAYÍN DE POLLO CON CEBOLLA CONFITADA

- 4 muslos de pollo
- 5 cebollas
- 2 cucharadas de aceite de oliva
- 2 ramitas de hierbabuena
- 1 hoja de laurel
- 10 uvas pasas
- 2 cucharadas de miel
- 1 cucharada de agua de azahar
- ½ rama de canela
- 2 pizcas de azafrán
- 1 pizca de canela
- Sal y pimienta blanca

CONSEJO

Sirva este tayín acompañado de sémola muy ligera para que no quede demasiado dulce.

1 Corte los muslos de pollo por la mitad. Dórelos en una sartén con aceite de oliva. Pele las cebollas y córtelas en rodajas finas. Pique la hierbabuena.

2 En un tayín o en una sartén, rehogue la cebolla a fuego bajo con ½ rama de canela y 1 cucharada de agua. Tape y remueva de vez en cuando para que la cebolla suelte el agua. Tape y cueza durante 30 minutos. Si la cebolla se pega, añada ½ vaso de agua.

3 Cuando la cebolla esté transparente, añada los trozos de pollo, 2 vasos de agua caliente, la canela, la hoja de laurel, el azafrán, sal, pimienta, las uvas pasas y la miel. Vuelva a tapar y mantenga a fuego bajo durante 30 minutos más o hasta que el pollo esté tierno. Retírelo.

4 Retire la rama de canela, añada la mitad de la hierbabuena picada y el agua de azahar. Reduzca la salsa, sin tapar, hasta que quede almibarada.

5 Caliente el pollo en la salsa justo en el último momento. Sirva muy caliente y con el resto de la hierbabuena espolvoreada por encima.

TAYÍN DE POLLO CON CLEMENTINAS

- 4 muslos de pollo
- 10 clementinas
- 5 cebollas grandes
- 2 cucharadas de aceite de oliva
- 2 cucharaditas de agua de azahar
- 2 cucharadas de miel
- 50 g de almendras laminadas
- 1 pizca de azafrán
- 1 cucharadita de jengibre molido
- ½ rama de canela
- 1 cucharadita de canela
- Sal y pimienta blanca

CONSEJO

Fuera de temporada, puede sustituir las clementinas por otras frutas frescas, como peras o membrillos.

1 Corte los muslos de pollo por la mitad. Dórelos en una sartén con 1 cucharada de aceite de oliva. Reserve.

2 Pele las cebollas y córtelas en rodajas. Rehóguelas en un tayín o en una sartén con 1 cucharada de aceite de oliva durante 20 minutos a fuego bajo y con la tapa puesta. Remueva para que la cebolla no se pegue. Añada las especias, salpimiente y mezcle. Rehogue el pollo en la mezcla. Añada 2 vasos de agua. Baje el fuego cuando rompa a hervir y vigile la cocción. Añada un poco de agua si la cebolla se pega y dé la vuelta a los trozos de pollo. Pasados 20 minutos, añada 1 cucharadita de agua de azahar y la miel. Mantenga a fuego bajo durante 25 minutos más.

3 Pele las clementinas y retire todo el albedo. Retire la rama de canela. Añada con cuidado las clementinas al pollo y vierta 1 cucharada de agua de azahar. Tape y deje que cueza durante 5 minutos.

4 Espolvoree almendras laminadas y una pizca de canela justo antes de servir.

TAYÍN DE POLLO CON MANGO

- 4 muslos de pollo
- 3 cebollas
- 3 mangos no muy maduros
- El zumo de 1 limón
- 3 cucharadas de hojas de cilantro
- 2 cucharadas de aceite de oliva
- ½ cucharadita de pimentón
- ½ cucharadita de jengibre molido
- 1 pizca de azafrán
- 1 pizca de canela
- Sal y pimienta

1 Corte los muslos de pollo por la mitad. Dórelos en una sartén antiadherente. Pele y pique las cebollas muy finas. Pele los mangos, córtelos por la mitad, quíteles el hueso y córtelos en rodajas finas.

2 Caliente 2 cucharadas de aceite de oliva en un tayín o una sartén. Añada las especias. Poche la cebolla unos minutos hasta que esté tierna y transparente. Añada las rodajas de mango, las hojas de cilantro y el zumo de limón. Rehogue el mango y dele la vuelta una vez.

3 Añada el pollo, vierta 1 vaso de agua y salpimiente. Tape y deje que cueza a fuego medio durante 30 minutos. Vigile la cocción y añada agua si es necesario para que el tayín no se seque. El pollo ha de quedar tierno.

PARA 4 PERSONAS - 10 MINUTOS DE PREPARACIÓN - 1 HORA DE COCCIÓN

TAYÍN DE PATO CON CEREZAS Y PISTACHOS

- 4 muslos de pato confitados
- 200 g de cerezas maduras y firmes
- 50 g de pistachos pelados
- 5 chalotas
- 1 manojo de cilantro fresco
- 1 cucharada de miel
- 1 cucharadita de pimentón
- 1 cucharadita de jengibre molido
- Sal y pimienta

VARIANTES

El pato combina a la perfección tanto con sabores dulces como salados: cerezas, guindas, higos frescos, mango o incluso calabaza, nabo, boniato o naranja.

CONSEJOS

Puede cocer las cerezas aparte, a fuego lento y con 1 cucharada de miel, y añadirlas al final de la cocción. También puede añadir cerezas encurtidas en vinagre al final de la cocción.

1 Desgrase los muslos de pato en una sartén antiadherente caliente. Pele las chalotas y píquelas muy finas. Pique el cilantro muy fino. Deshuese las cerezas.

2 Cubra el fondo de un tayín o de una sartén con una capa de chalota picada y espolvoree especias. Ponga el pato troceado encima y rehóguelo durante 10 minutos con 1 cucharada de agua.

3 Extienda otra capa de chalota. Añada 1 vaso de agua y cueza durante 30 minutos a fuego muy bajo, con la tapa puesta. Vigile atentamente la cocción y añada un poco de agua si la chalota se pega.

4 Añada las cerezas, la miel y los pistachos picados. Cueza a fuego muy bajo, hasta que las cerezas se empiecen a poner melosas. Tape y mantenga a fuego bajo unos 20 minutos más.

5 Añada el cilantro picado justo antes de servir.

PARA 4 PERSONAS - 15 MINUTOS DE PREPARACIÓN - 30 MINUTOS DE COCCIÓN

TAYÍN DE CODORNIZ CON HIGOS

- 4 codornices carnosas
- 8 higos frescos o congelados
- 4 terrones de azúcar moreno
- 3 cebollas
- 2 cucharadas de aceite de oliva
- 1 ramita de tomillo fresco
- 1 cucharadita de agua de rosas
- 200 ml de vino tinto
- 2 peras
- Canela
- Sal y pimienta

CONSEJO

Puede desgranar una granada y esparcir los granos sobre el tayín justo antes de servir.

1 Salpimiente las codornices. Úntelas con aceite de oliva y una pizca de canela. Fríalas durante 15 minutos o hasta que se doren.

2 Haga una incisión en los higos y coloque medio terrón de azúcar moreno en cada hendidura.

3 Pele las cebollas y píquelas. Rehóguelas a fuego lento en un tayín o en una sartén. Añada los higos y espolvoree tomillo fresco, sal, pimienta, canela y agua de rosas. Riegue con vino tinto y deje que se evapore durante unos 5 minutos. Tape y cueza durante 10 minutos a fuego bajo.

4 Deposite con cuidado las codornices sobre los higos. Pele las peras, córtelas en cuartos y, a continuación, en rodajas finas. Dispóngalas en círculo sobre los higos alrededor de las codornices. Tape y caliente durante 5 minutos. Rocíe con el jugo de la cocción justo antes de servir.

PARA 4 PERSONAS - 10 MINUTOS DE PREPARACIÓN - 10 MINUTOS DE REPOSO - 35 MINUTOS DE COCCIÓN

TAYÍN DE PINTADA CON CIRUELAS MIRABEL

- 4 supremas de pintada
- 250 g de ciruelas mirabel
- 2 cebollas
- 1 cucharada de aceite de oliva
- 50 g de almendras laminadas
- 1 cucharadita de canela
- 1 cucharadita de jengibre molido
- 1 pizca de azafrán
- 20 hebras de azafrán para el final de la cocción
- Sal y pimienta blanca

1 Mezcle las especias en un plato. Reboce las pechugas en la mezcla y déjelas reposar 10 minutos.

2 Pele las cebollas y córtelas en rodajas finas. Rehóguelas en aceite de oliva a fuego lento en un tayín o una sartén. Remueva. Cuando la cebolla esté transparente, añada las supremas de pintada. Salpimiente. Rehogue durante 10 minutos y deles la vuelta a los trozos. Añada 1 vaso de agua. Tape y cueza a fuego bajo durante unos 15 minutos. Compruebe la cocción.

3 En un bol, vierta 2 cucharadas de agua caliente sobre las hebras de azafrán. Deshuese las ciruelas y añádalas al tayín. Vierta el agua con azafrán. Tape y deje que cueza durante 10 minutos a fuego lento.

4 Esparza las almendras laminadas por encima justo antes de servir.

TAYÍN DE CONEJO CON TOMATE

- 4 muslos de conejo
- 1 kg de tomates
- 2 cucharadas de miel líquida
- 4 cucharadas de aceite de oliva
- 3 chalotas
- 3 zanahorias
- 1 diente de ajo
- 1 rama de apio
- 1 ramita de tomillo fresco
- 5 hojas de salvia fresca
- 1 ramita de albahaca fresca
- 20 piñones
- 1 cucharada de semillas de sésamo
- 1 cucharadita de canela
- 1 pizca de pimienta de cayena
- ½ cucharadita de pimentón
- 1 pizca de azafrán
- Sal y pimienta blanca

CONSEJOS

Puede añadir pimienta de Espelette o pimientos del piquillo picados. Este consejo es válido para muchas de las recetas con pollo.

1 Blanquee los tomates durante 30 segundos en agua hirviendo. Retírelos con una espumadera, pélelos y quíteles las semillas. Triture la pulpa y póngala en una cacerola con 1 cucharada de aceite de oliva. Remueva a fuego vivo para que se evapore el agua. Vigile la cocción. Añada la canela y la miel, sin dejar de remover, hasta que obtenga una compota seca. Reserve.

2 Pique el ajo y las chalotas. Corte las zanahorias peladas en dados pequeños y la rama de apio en trozos de 1 cm de largo.

3 Rehogue en un tayín o una sartén a fuego bajo las chalotas en el resto del aceite de oliva. Añada la pimienta de cayena, el pimentón, el azafrán y el ajo.

4 Añada los muslos de conejo y rebócelos en la mezcla. Añada las hortalizas, el tomillo fresco y la salvia. Salpimiente y añada 1 vaso de agua. Tape y deje que cueza a fuego bajo durante 45 minutos. Cuando el conejo esté hecho y la salsa se haya reducido, añada la compota de tomate. Mezcle.

5 Tueste los piñones y las semillas de sésamo en una sartén antiadherente muy caliente. Espárzalos sobre el tayín y añada la albahaca picada.

TAYÍN DE CORDERO CON CIRUELAS PASAS

- 1 paletilla de cordero de 1,5 kg, aproximadamente, deshuesada y cortada en 15-20 trozos
- 2 cebollas
- 2 dientes de ajo
- 5 cucharadas de aceite de oliva
- 1 ½ cucharaditas de sal
- ¼ cucharadita de pimienta
- ½ cucharadita de cúrcuma molida
- 1 cucharadita de jengibre molido
- 1 cucharadita de canela
- 20 ciruelas pasas sin hueso
- 70 g de almendras peladas
- 10 g de semillas de sésamo
- 250 ml de agua

1 Corte las cebollas y los ajos por la mitad. Pele y lave ambas cosas. Corte las cebollas en rodajas no muy finas, quite el germen de los dientes de ajo y aplástelos con la hoja de un cuchillo. Seque la carne con papel absorbente y sálela con ½ cucharadita de sal.

2 Vierta el aceite de oliva en una sartén grande y caliéntelo a fuego fuerte. Dore el cordero por todos los lados y retire la carne de la sartén. Baje a fuego medio.

3 Rehogue la cebolla en la sartén con el resto de la sal. Añada el ajo, el jengibre, la canela, la pimienta y la cúrcuma. Mezcle bien. Añada la carne. Vierta el agua y lleve a ebullición. Baje el fuego, tape y deje que cueza entre 1 hora y 1 hora y 30 minutos hasta que la carne esté tierna. Si la tapa tiene agujeros, vigile la evaporación y añada un poco de agua si es necesario.

4 Añada las ciruelas pasas y deje que cueza todo durante 15 minutos sin tapar, a fuego medio.

5 Caliente una sartén a fuego medio-fuerte y dore en seco primero las almendras y luego las semillas de sésamo. Repártalas por la sartén y sirva.

PARA 4 PERSONAS - 10 MINUTOS DE PREPARACIÓN - 1 HORA Y 15 MINUTOS DE COCCIÓN

TAYÍN DE CORDERO CON ALBARICOQUE

- 800 g de pierna de cordero deshuesada y cortada en dados grandes
- 8 albaricoques frescos
- 1 cucharada de aceite de oliva
- 1 hoja de laurel
- 1 cucharadita de agua de azahar
- 2 cucharadas de miel
- 50 g de almendras laminadas
- 1 cucharadita de jengibre molido
- 1 cucharadita de canela
- 1 rama de canela
- 2 pizcas de azafrán
- Sal y pimienta blanca

CONSEJOS

Si quiere añadir un toque especial, añada pistachos o una gota de esencia de almendra amarga. En invierno, use orejones. Póngalos en remojo durante 1 hora en un bol con agua tibia. El sabor, igualmente delicioso, se parecerá más al de un tayín de frutos secos. Sustituya los albaricoques por otras frutas frescas (pera, membrillo, manzana verde, melocotón, etc.).

1 Rehogue en un tayín o en una sartén las especias en aceite de oliva a fuego bajo. Añada la carne y el laurel. Salpimiente. Rehogue y mezcle la carne con las especias. Vierta 2 vasos de agua. Tape y mantenga a fuego bajo durante 1 hora.

2 Durante la cocción, asegúrese de que la carne no se seque y añada un poco de agua si es necesario. Retire la rama de canela. Si la salsa queda demasiado líquida, retire la carne y reduzca la salsa sin tapar la sartén. La salsa ha de tener una textura almibarada.

3 Añada el agua de azahar y la miel. Mantenga a fuego bajo durante 10 minutos. Añada los albaricoques y tape. Deje que cueza durante 5 minutos o hasta que los albaricoques estén tiernos. Esparza las almendras laminadas por encima.

PARA 4 PERSONAS - 30 MINUTOS DE PREPARACIÓN - 1 HORA Y 30 MINUTOS DE COCCIÓN

TAYÍN DE CORDERO CON BERENJENAS

- 800 g de pierna de cordero deshuesada y cortada en dados grandes
- 3 berenjenas
- 4 pimientos rojos
- 4 cebollas
- 5 tomates
- 1 diente de ajo
- 2 cucharadas de aceite de oliva
- 1 manojo de perejil plano
- 1 manojo de cilantro
- 1 cucharadita de ras el-hanut
- 1 cucharadita de comino molido
- 1 pizca de pimienta de cayena
- Sal y pimienta

VARIANTES

Pruebe este tayín usando patatas con comino, nabos, zanahorias, calabaza o cardo.

CONSEJOS

Antes de servir el tayín, desgrase la superficie con un cucharón pequeño. Si le gustan los sabores un poco más fuertes, añada una guindilla verde suave a las verduras durante la cocción.

1 Precaliente el horno a 210 °C. Ase los pimientos hasta que la piel se ponga negra. En cuanto los saque del horno, envuélvalos en una bolsa de plástico y déjelos enfriar. Cuando estén tibios, pélelos y quíteles las semillas. Reserve.

2 Pele los ajos y las cebollas. Pique las dos cosas muy finas. Pique el perejil y el cilantro. Corte las berenjenas en dados grandes.

3 Sumerja los tomates en agua hirviendo durante 5 minutos. Escúrralos, pélelos y quíteles las semillas. Trocéelos.

4 Rehogue las especias y la carne en 1 cucharada de aceite de oliva en un tayín o una sartén. Reboce la carne en las especias. Añada el ajo y luego las cebollas. Vierta 2 vasos de agua. Remueva y lleve a ebullición. Tape y cueza durante 1 hora a fuego lento.

5 Añada las berenjenas, los tomates, la mitad de las hierbas picadas, los pimientos y 1 cucharada de aceite de oliva. Salpimiente. Vierta 1 vaso de agua. Cueza durante 40 minutos o hasta que las verduras estén tiernas. Vigile la cocción.

6 Antes de servir, rocíe las verduras con la salsa y decore con el resto de las hierbas picadas.

TAYÍN DE KEFTA

KEFTA
- 800 g de cordero picado
- 1 cebolla
- 3 ramitas de perejil plano
- 3 ramitas de cilantro
- ½ cucharadita de comino
- ½ cucharadita de pimentón
- Sal y pimienta

CALDO
- 3 cebollas
- 2 zanahorias
- 3 tomates
- 2 ramitas de perejil plano
- 2 ramitas de cilantro
- 1 cucharada de aceite de oliva
- ½ cucharadita de jengibre molido
- ½ cucharadita de comino
- ½ cucharadita de pimentón dulce
- Sal y pimienta

VARIANTE
La carne de cordero se puede sustituir por carne de ternera o incluso de pollo.

1 Prepare las keftas. Pele la cebolla y rállela. Pique muy finos el perejil y el cilantro. Salpimiente y añada las especias. Amase para incorporarlas a la carne y forme bolitas.

2 Prepare el caldo. Pele las cebollas y píquelas. Pique el perejil y el cilantro. Pele las zanahorias y córtelas en rodajas. Blanquee los tomates en agua hirviendo durante 30 segundos. Retírelos con una espumadera y déjelos enfriar. Pélelos, quíteles las semillas y córtelos en trozos.

3 Rehogue en un tayín o una sartén la cebolla y las especias en aceite de oliva. Salpimiente. Añada las verduras y las hierbas y mezcle. Vierta 3 vasos de agua, tape y mantenga a fuego bajo durante 20 minutos.

4 Ponga las albóndigas sobre las verduras, rocíe con el caldo, tape y cueza a fuego lento durante 15 minutos.

TAYÍN DE TERNERA CON PERA

- 800 g de paletilla de ternera cortada en 15 o 20 trozos
- 2 cebollas
- 5 cucharadas de aceite de oliva
- 2 cucharaditas de sal
- ½ cucharadita de pimienta
- ½ cucharadita de cúrcuma molida
- ½ cucharadita de cilantro molido
- 250 ml de agua + para cocer las peras
- 2 ramas de canela
- 700 g de peras verdes y firmes
- 30 g de semillas de sésamo
- 20 g de mantequilla
- ½ cucharadita de canela

1 Corte las cebollas por la mitad y luego en rodajas no muy finas. Seque la carne con papel absorbente y sálela con ½ cucharadita de sal.

2 Caliente el aceite de oliva en una sartén a fuego fuerte. Dore la ternera por todos los lados y retire la carne. Baje a fuego medio.

3 Rehogue las cebollas en la sartén con ½ cucharadita de sal. Añada la pimienta, el cilantro y la cúrcuma. Mezcle bien. Añada la carne y vuelva a mezclar. Vierta 250 ml de agua, añada las ramas de canela y lleve a ebullición. Baje el fuego, tape y cueza entre 2 horas y 2 horas y 30 minutos.

4 Treinta minutos antes de que termine la cocción, corte las peras en cuartos y quíteles el corazón. Sumerja las peras en agua hirviendo con sal y hierva a fuego bajo durante 10 minutos.

5 Caliente una sartén grande a fuego medio-fuerte y tueste las semillas de sésamo en seco. Páselas a un recipiente.

6 Derrita la mantequilla en la misma sartén a fuego medio-fuerte y espolvoree la canela. Dore las peras escurridas por el lado de la pulpa. Añada las peras a la carne, espolvoree las semillas de sésamo y sirva.

TAYÍN DE TERNERA CON ZANAHORIAS

- 1 kg de jarrete de ternera troceado
- 4 zanahorias grandes
- 1 diente de ajo
- 1 cebolla grande
- El zumo de 1 naranja
- 1 cucharada de aceite de oliva
- 60 g de azúcar moreno
- 1 naranja
- 8 aceitunas negras
- 1 cucharadita de jengibre molido
- 1 clavo de olor aplastado
- 10 granos de pimienta de Sichuan aplastados
- 1 pizca de nuez moscada
- 1 cucharadita de comino
- 1 pizca de azafrán
- Sal y pimienta blanca

CONSEJO
Puede cocer la ternera y las zanahorias al mismo tiempo. Al prolongar un poco la cocción, se obtiene un guiso muy tierno.

1 Pele el ajo y la cebolla, y píquelos. Mezcle en un tayín o en una sartén todas las especias, excepto el comino y el azafrán. Rehogue la carne durante 20 minutos a fuego medio. Mezcle. Añada el ajo y la cebolla. Salpimiente. Añada 2 vasos de agua y el zumo de naranja. Cueza a fuego medio. Vigile la cocción y añada agua si es necesario.

2 Pele las zanahorias y córtelas en trozos de 2 cm. Rehóguelas en una olla con 1 cucharada de aceite de oliva y cubra con agua. Añada el azúcar y el comino. Salpimiente y cueza las zanahorias hasta que se haya evaporado todo el líquido; han de quedar muy tiernas. Añádalas al tayín 10 minutos antes de que termine la cocción.

3 Lave la naranja y córtela en rodajas finas sin pelarla.

4 Cuando la carne esté tierna, la salsa ha de tener una consistencia almibarada. De no ser así, retire la carne y reduzca la salsa. Ponga la ternera y las zanahorias en forma de cúpula en el centro del tayín y disponga las rodajas de naranja alrededor. Espolvoree el azafrán. Añada las aceitunas sin hueso y tape. Cueza a fuego bajo durante 5 minutos.

PARA 4 PERSONAS - 20 MINUTOS DE PREPARACIÓN - 1 HORA Y 30 MINUTOS DE COCCIÓN

TAYÍN DE TERNERA CON FRUTAS Y VERDURAS

- 1 kg de jarrete de ternera deshuesado y cortado en dados grandes
- 300 g de piña cortada en dados
- 2 cebollas
- 500 g de nabos
- 2 manzanas
- 5 ramitas de cilantro fresco
- 30 g de jengibre fresco, rallado
- 1 cucharada de aceite de oliva
- 10 g de mantequilla
- 1 cucharadita de jengibre molido
- ½ cucharadita de pimentón
- 20 hebras de azafrán
- Sal y pimienta

1 Pele las cebollas y córtelas en rodajas finas. Pele los nabos y cuézalos al vapor hasta que estén tiernos. Pele las manzanas y lamínelas. Corte el cilantro en tiras finas. En un bol, vierta 2 cucharadas de agua caliente sobre las hebras de azafrán.

2 Rehogue la carne y todas las especias, excepto el azafrán, en aceite de oliva en un tayín o en una sartén durante 5 minutos. Añada el jengibre fresco rallado y 2 vasos de agua. Deje que cueza a fuego medio durante 1 hora con la tapa puesta. Vigile la cocción y añada agua si es necesario.

3 Derrita la mantequilla en una sartén y dore los trozos de manzana. Añada la piña, cueza durante 3 minutos y reserve.

4 Al final de la cocción, la ternera debe estar tierna y la salsa espesa. De no ser así, añada un poco de agua. Si la salsa no tiene la consistencia deseada, destape la sartén y redúzcala.

5 Añada los nabos, riéguelos con la salsa, añada la fruta fresca y rocíela con el agua del azafrán. Deje que cueza a fuego bajo durante 5 minutos. Espolvoree cilantro picado antes de servir.

PARA 4 PERSONAS - 35 MINUTOS DE PREPARACIÓN - 8 MINUTOS DE COCCIÓN

TAYÍN DE KEFTAS CON HUEVOS

- 500 g de carne picada de ternera
- 10 g de cilantro fresco
- 20 g de perejil
- 1 cebolla
- 1 cucharadita de comino
- 2 cucharaditas de pimentón
- 3 pizcas de pimienta de cayena
- ¼ cucharadita de pimienta
- 1 cucharadita de sal + 1 pizca
- de 1 a 3 cucharadas de aceite de oliva
+ 2 o 3 cucharadas para las manos
- 50 g de mantequilla
- 8 huevos

1 Lave el cilantro y el perejil, séquelos y deshójelos. Junte las hojas, enróllelas bien prietas y córtelas muy finas. Corte la cebolla por la mitad, pélela, lávela y córtela muy fina primero en un sentido y luego en el otro.

2 Mezcle en un recipiente grande la carne picada, la cebolla, las hierbas, las especias y 1 cucharadita de sal. Amase añadiendo tanto aceite como sea necesario para obtener una bola flexible que no se rompa durante el amasado.

3 Vierta un poco de aceite en un recipiente y úntese las manos con aceite. Forme pequeñas bolitas (keftas) de carne picada dándoles vueltas entre las palmas de las manos untadas con aceite.

4 Derrita la mantequilla en una sartén grande a fuego fuerte y dore las keftas.

5 Casque con cuidado los huevos entre las keftas y cuézalos hasta que la clara se cuaje (la yema ha de quedar líquida). Añada una pizca de pimienta de cayena, una pizca de sal y sirva.

PARA 4 PERSONAS - 20 MINUTOS DE PREPARACIÓN - 20 MINUTOS DE COCCIÓN

TAYÍN DE GAMBAS, CALAMARES Y HIERBABUENA

- 500 g de gambas crudas peladas, congeladas
- 500 g de anillas de calamar congeladas
- 40 g de hierbabuena
- 8 tomates
- 6 dientes de ajo
- 5 cucharadas de aceite de oliva
- 1 ½ cucharaditas de sal
- 1 cucharadita de pimienta

VARIANTE

Esta receta también queda muy bien con albahaca en lugar de hierbabuena.

1 Lave la hierbabuena, séquela y deshójela. Pique las hojas muy finas. Pele los tomates con un pelador de frutas y verduras blandas y retire los pedúnculos. Corte los tomates en cuartos y vacíelos. Corte los dientes de ajo por la mitad, pélelos, lávelos, extraiga el germen y aplástelos con la hoja de un cuchillo.

2 Lave los calamares y las gambas y escúrralos.

3 Caliente 4 cucharadas de aceite en una sartén grande a fuego fuerte. Saltee los calamares hasta que el agua se haya evaporado del todo. Espolvoree ½ cucharadita de sal y ¼ de cucharadita de pimienta. Retire los calamares con una espumadera y reserve.

4 Vierta 1 cucharada de aceite en la misma sartén y añada el ajo aplastado con la hoja de un cuchillo. Añada las gambas y los tomates y mezcle a fuego fuerte hasta que las gambas estén rosadas. Espolvoree 1 cucharadita de sal y ¾ de cucharadita de pimienta. Añada los calamares salteados, baje el fuego y tape. Cueza durante 5 minutos. Añada la hierbabuena, mezcle y sirva.

TAYÍN DE BACALAO AL AZAFRÁN

- 800 g de lomo de bacalao
- 2 cucharadas de aceite de oliva
- 2 pizcas de azafrán
- 500 g de patatas de pulpa firme
- 4 tomates
- 1 cebolla
- 1 limón confitado
- 100 g de aceitunas negras
- 1 diente de ajo
- 1 pizca de ras el-hanut
- 1 cucharadita de semillas de anís
- 1 ½ cucharaditas de sal
- 350 ml de agua

1 Lleve a ebullición el agua en una cazuela pequeña. Añada el ajo sin pelar, 1 dosis de azafrán, el ras el-hanut y las semillas de anís. Deje que hierva a fuego bajo durante 5 minutos. Añada 1 cucharadita de sal y retire del fuego. Deje infusionar.

2 Mezcle 1 cucharada de aceite de oliva y la otra dosis de azafrán en una ensaladera. Pele las patatas y córtelas horizontalmente en rodajas finas. Píntelas con el aceite de oliva aromatizado con azafrán.

3 Pele los tomates, quíteles el pedúnculo, córtelos en cuartos y vacíelos. Pele la cebolla y córtela en rodajas finas. Corte el limón confitado en cuatro, extraiga la pulpa y lave la piel. Corte cada uno de los cuartos de piel en 4 bastoncitos.

4 Pinte de aceite el fondo de una sartén y cúbralo con las rodajas de patata. Reparta por encima las rodajas de cebolla, y luego los tomates y las aceitunas. Cuele el agua infusionada con ajo y especias con un colador de malla fina, y lleve a ebullición. Tape y cueza 15 minutos a fuego medio.

5 Sale el pescado. Pinche la carne con un cuchillo e introduzca los bastoncillos de limón confitado en las incisiones. Ponga el pescado sobre las aceitunas y prolongue la cocción durante 20-30 minutos. Sirva.

TAYÍN DE RAPE CON TOMATE Y JENGIBRE

• 8 trozos de lomo de rape
(100 g cada uno)
• 100 g de azúcar
• 10 g de jengibre fresco
• 3 cucharadas de vinagre de vino
tinto
• 2 cucharadas de concentrado
de tomate diluidas en 100 ml de agua
• 580 ml de agua
• 1 ½ cucharaditas de sal
• ¼ cucharadita de pimienta
• 1 bolsita de té negro
• 200 g de arroz tailandés
• 2 cebolletas (solo la parte blanca)
• 1 diente de ajo

1 Pique el diente de ajo. Ralle el jengibre. Corte las cebollas en rodajas finas.

2 Vierta 30 ml de agua en una cazuela, añada el azúcar y disuélvalo a fuego medio. Lleve a ebullición, deje de remover y espere a que la mezcla adquiera un color marrón. Añada el vinagre y, a continuación, el concentrado de tomate diluido. Añada el jengibre y la pimienta y reduzca hasta que el líquido espese. Retire del fuego.

3 Lleve a ebullición 300 ml de agua en una cazuela. Vierta ½ cucharadita de sal y luego el arroz. Mezcle, cubra con papel de aluminio y tape la cazuela. Deje que cueza durante 10 minutos a fuego muy lento. Retire del fuego y deje reposar aún con la tapa puesta.

4 Vierta 250 ml de agua en una sartén grande. Añada la bolsita de té, el ajo, la cebolla y ½ cucharadita de sal y lleve a ebullición. Retire la bolsita de té. Sale el rape con la ½ cucharadita de sal y póngalo en la sartén. Tape la sartén y deje que cueza durante 5 minutos a fuego medio por cada lado.

5 Airee el arroz con un tenedor. Para servir, ponga en cada plato arroz y 2 trozos de rape. Riegue con el caldo y luego con la salsa de tomate y jengibre. Sirva.

TAYÍN DE RAPE CON ESPECIAS ROJAS

- 800 g de filete de rape limpio
- 5 tomates
- 2 berenjenas pequeñas
- 3 pimientos verdes
- 1 cebolla
- 1 cucharada de aceite de oliva
- 1 diente de ajo
- 1 cucharada de concentrado de tomate
- ½ cucharadita de harissa
- 1 manojo de cilantro
- 1 manojo de perejil picado
- 1 cucharadita de ras el-hanut
- 1 cucharadita de comino
- 1 cucharadita de pimentón dulce
- 1 pizca de pimienta de cayena
- Sal y pimienta blanca

VARIANTES

El mero, el fletán o filetes de pescados más delicados, como el granadero, también son ideales para esta receta al vapor.

1 Blanquee los tomates en agua hirviendo durante 30 segundos. Escúrralos, pélelos, quíteles las semillas y trocéelos. Corte las berenjenas en rodajas de 2 cm de grosor. Retire las semillas de los pimientos y córtelos en tiras. Pele la cebolla y píquela muy fina.

2 Rehogue la cebolla en aceite de oliva en un tayín o en una sartén. Añada las especias y el diente de ajo pelado y aplastado con una hoja de cuchillo. Mezcle bien y mantenga a fuego medio. Añada una tercera parte de los tomates. Baje el fuego. Añada los pimientos cortados en tiras, las berenjenas y 1 vaso de agua. Tape y cueza a fuego bajo durante 20 minutos.

3 Rehogue en una sartén el resto del tomate, el concentrado de tomate y 1 pizca de harissa. Remueva y cueza a fuego fuerte durante 5 minutos. Vierta la salsa sobre las verduras en la cazuela.

4 Corte el filete de rape en 8 trozos. Póngalos en el tayín, salpimiente y riegue con la salsa, que habrá quedado cremosa y muy roja. Tape y cueza durante 20 minutos.

5 Pique el cilantro y el perejil y cubra el pescado con un puñado de hierbas frescas.

TAYÍN DE PESCADO CON HINOJO

- 4 filetes de fletán o mero
- 2 bulbos de hinojo
- 2 zanahorias
- 2 calabacines
- 4 aceitunas grandes moradas y negras
- 1 limón
- El zumo de 2 limones
- 3 cebollas
- 2 dientes de ajo
- 4 cucharadas de aceite de oliva
- 1 manojo de perejil
- 1 manojo de cilantro
- 2 cucharaditas de pimentón
- 1 cucharadita de comino molido
- 1 cucharadita de jengibre molido
- Sal y pimienta

1 Prepare la chermula. Mezcle la mitad del pimentón, del ajo picado y del comino, 2 cucharadas de hierbas picadas, el zumo de 1 limón, 2 cucharadas de aceite de oliva y sal. Unte el pescado con la chermula. Deje reposar durante 1 hora.

2 Precaliente el horno a 210 °C. Pele las zanahorias y córtelas en tiras muy finas. Corte los calabacines en tiras. Limpie los bulbos de hinojo, quíteles el corazón y las partes duras. Córtelos en tiras muy finas.

3 Rehogue en un tayín o una sartén a fuego lento el resto del pimentón, del comino y del ajo picado y el jengibre con 1 cucharada de aceite de oliva, y añada las cebollas picadas. Remueva. Añada las tiras de verduras. Remueva para untarlas en las especias. Ponga encima los filetes de pescado. Añada las aceitunas. Vierta 1 vaso de agua. Rocíe con 1 cucharada de aceite de oliva y el zumo de limón restante. Espolvoree perejil y cilantro picados. Tape y hornee durante 40 minutos.

4 Corte el limón en láminas finas. Sirva el pescado cubierto con el resto del perejil y el cilantro picados. Decore con 4 rodajas de limón.

TAYÍN DE SEPIA

- 1 kg de sepias pequeñas frescas o congeladas
- 200 ml de leche
- 500 ml de agua
- 2 dientes de ajo
- 3 cebollas
- 1 manojo de perejil plano
- 1 cucharada de aceite de oliva
- El jugo de 1 limón
- 4 hebras de azafrán
- 1 pizca de comino
- 1 pizca de guindilla
- Sal y pimienta

CONSEJO

Estas pequeñas sepias crujientes son excelentes para picar. Se pueden comer calientes o frías.

1 Ponga las sepias en remojo durante 1 hora en agua y leche para que se ablanden. Lávelas abundantemente y séquelas con papel absorbente.

2 Pele los ajos y las cebollas y córtelos en rodajas finas. Deshoje el perejil.

3 Rehogue la cebolla y las especias en aceite de oliva a fuego fuerte. Remueva bien. Añada las sepias. Rebócelas en las especias y salpimiente. Tape y cueza a fuego bajo durante 20 minutos para que suelten el agua.

4 Retire la tapa y reduzca el agua hasta que las sepias se caramelicen. Añada el ajo y la mitad del perejil plano. Riegue con zumo de limón. Prolongue la cocción durante 2 minutos más sin dejar de remover.

5 Espolvoree el resto del perejil picado. Sirva caliente o frío.

TAYÍN DE PIMIENTO, TOMATE Y ALCAPARRAS

- 4 pimientos amarillos
- 8 tomates
- 2 dientes de ajo
- 1 limón
- 1 cucharada de alcaparras
- 80 ml de aceite de oliva
- 4 ramitas de cilantro
- 30 ml de vinagre de vino tinto
- ½ cucharadita de sal
- ¼ cucharadita de pimienta

1 Pele los pimientos y los tomates con un pelador para frutas y hortalizas blandas. Retire los extremos de los pimientos y, a continuación, córtelos en rodajas no demasiado finas y retire las semillas. Retire el pedúnculo de los tomates, córtelos en cuartos y vacíelos.

2 Vierta el aceite de oliva en una sartén grande a fuego fuerte. Dore ligeramente los pimientos en el aceite caliente y mezcle con regularidad durante 1 o 2 minutos. Tape y cueza durante 20 minutos a fuego bajo. Añada el tomate a mitad de la cocción, mezcle, vuelva a tapar y continúe la cocción.

3 Corte los dientes de ajo por la mitad, pélelos, enjuáguelos, retire el germen y aplástelos con la hoja de un cuchillo. Exprima el limón. Enjuague el cilantro y séquelo, deshójelo y pique las hojas muy finas.

4 Retire la sartén del fuego y añada el ajo aplastado, la sal, la pimienta, el zumo de limón, el vinagre, las alcaparras y el cilantro. Mezcle y sirva.

TAYÍN DE CHAMPIÑONES Y NUECES

- 800 g de champiñones
- 350 g de patatas de pulpa firme
- 2 tomates
- 2 chalotas
- 1 cebolla
- 7 cucharadas de aceite de oliva
- 30 g de mantequilla
- 5 dientes de ajo
- 15 nueces peladas
- El jugo de 1 limón
- Sal y pimienta

1 Retire el pie de los champiñones y corte los sombreros en cuartos. Corte los tomates en cuartos, vacíelos y corte cada cuarto por la mitad. Pele las patatas y córtelas en dados grandes. Corte las chalotas a lo ancho en rodajas finas. Corte 5 nueces peladas por la mitad.

2 Caliente 2 cucharadas de aceite de oliva y derrita la mitad de la mantequilla en una sartén grande a fuego fuerte. Reserve 100 g de champiñones, coloque el resto en la sartén con las chalotas. Salpimiente. Mezcle hasta que los champiñones suelten el agua.

3 Añada las patatas, las nueces cortadas, los dientes de ajo sin pelar y el resto de la mantequilla. Mezcle. Añada los tomates y tape. Deje que cueza durante 30-40 minutos a fuego medio-bajo.

4 Corte la cebolla por la mitad y luego en rodajas finas. Corte en láminas finas los champiñones que ha reservado. Caliente 1 cucharada de aceite en una cazuela a fuego medio. Poche la cebolla y los champiñones.

5 Triture el contenido de la cazuela junto al resto de las nueces, el zumo de limón y 4 cucharadas de aceite de oliva. Vierta en la sartén y sirva.

TAYÍN DE VERDURAS CONFITADAS

- 4 zanahorias
- 600 g de calabaza
- 4 nabos
- 3 cebollas blancas
- ½ apio nabo
- 4 tomates
- 3 cucharadas de aceite de oliva
- 1 diente de ajo
- 4 chalotas grandes
- 1 manojo de cilantro
- 1 manojo de perejil plano
- 1 hoja de laurel
- 1 cucharadita de jengibre molido
- 2 pizcas de azafrán
- 1 cucharadita de cúrcuma molida
- Sal y pimienta

VARIANTE

Puede preparar una versión con hortalizas tradicionales: calabaza, chirivía, crosnes, cardos...

1 Pele las zanahorias, la calabaza, las cebollas blancas, el apio nabo y los nabos. Córtelo todo en trozos grandes. Corte los tomates en rodajas gruesas y retire las semillas. Escúrralos en un colador sobre un recipiente y reserve el jugo.

2 Pique muy finos el ajo y las chalotas y las hojas de cilantro y de perejil. Mezcle este picadillo con una cuarta parte de las chalotas picadas y el jugo de tomate.

3 Rehogue en aceite de oliva en un tayín o en una sartén, el ajo y el resto de la chalota picada. Añada las especias. Mezcle. Añada, en este orden, una capa de picadillo de hierbas, una capa de hortalizas, 5 rodajas de tomate, sal y pimienta. A continuación, añada otra capa de hierbas picadas, otra de hortalizas y otra de tomate. Termine con una capa de hierbas picadas.

4 Vierta 1 vaso de agua y cueza durante 1 hora a fuego medio. Vigile atentamente la cocción y añada agua si es necesario. Las verduras y hortalizas han de quedar muy tiernas.

5 Sirva muy caliente con el resto de las hierbas picadas.

TAYÍN DE GARBANZOS

- 500 g de garbanzos en conserva
- 600 g de apio nabo
- 2 cebollas
- 150 g de boniatos
- 2 mangos
- 3 ramitas de cilantro fresco
- 2 cucharadas de aceite de oliva
- 30 g de jengibre fresco
- 1 cucharada de harina de almendra
- 1 cucharadita de pimentón dulce
- 1 cucharadita de jengibre molido
- Sal y pimienta blanca

1 Pele las cebollas y píquelas muy finas. Pique fino el jengibre fresco. Corte el apio nabo y los boniatos pelados en dados grandes. Pele los mangos y córtelos en tiras bastante gruesas. Deshoje el cilantro.

2 Rehogue en aceite de oliva en un tayín o en una sartén a fuego bajo la cebolla y las especias. Añada el apio nabo, los boniatos y los garbanzos. Mezcle con las especias. Salpimiente. Añada el jengibre picado y 3 vasos de agua. Cueza a fuego bajo durante 20 minutos con la tapa puesta.

3 Añada la harina de almendra y remueva con cuidado. Añada el mango y mezcle con cuidado para no aplastarlo. Deje que cueza a fuego bajo durante 10 minutos, sin dejar de remover. Añada las hojas de cilantro fresco.

TAYÍN FRÍO DE VERDURAS

- 100 g de coles de Bruselas
- 200 g de guisantes
- 300 g de judías verdes
- 100 g de tirabeques
- 200 g de espárragos verdes
- 50 g de rúcula
- 4 tomates
- 1 diente de ajo
- 3 chalotas
- 3 cebollas blancas frescas
- 4 cucharadas de aceite de oliva
- 4 fondos de alcachofa
- ½ apio nabo
- 1 hoja de laurel
- 1 ramita de tomillo
- 1 manojo de cilantro
- 1 manojo de perejil plano
- 1 cucharadita de comino
- ½ cucharada de jengibre molido
- 1 cucharadita de pimentón o 1 pizca de azafrán
- Sal y pimienta

1 Pele o desgrane las verduras. Corte los tomates en rodajas gruesas, quíteles las semillas y escúrralos en un recipiente para recoger el jugo. Pele el ajo y las chalotas y píquelos muy finos. Pique las hojas de cilantro y perejil. Mezcle las hierbas aromáticas picadas con un cuarto de la chalota picada y el jugo de los tomates.

2 Rehogue en aceite de oliva en un tayín o una sartén el ajo y 1 puñado de chalotas. Añada las especias. Mezcle. Añada una capa de la mezcla de hierbas, una capa de verduras, los fondos de alcachofa, el apio nabo, la hoja de laurel y el tomillo. Salpimiente. Vierta ½ vaso de agua y cueza a fuego bajo durante 10 minutos.

3 Añada, en el mismo orden, una capa de hierbas picadas, el resto de las verduras, una capa de tomate y el resto de las hierbas picadas. Vierta 2 vasos de agua y deje que cueza durante 30 minutos a fuego medio. Vigile la cocción y añada agua si es necesario. Las verduras han de quedar crujientes. Sirva frío.

CONSEJO

Espinacas, acedera, albahaca, acelgas, hojas de apio... todas las hojas verdes son bienvenidas a este tayín.

PARA 4 PERSONAS - 15 MINUTOS DE PREPARACIÓN - 1 HORA Y 10 MINUTOS DE COCCIÓN

MONTAR UNA PASTELA

1 Unte con mantequilla un plato redondo apto para el horno.

2 Superponga en el centro 2 láminas de masa brick untadas con aceite y mantequilla.

3 Úntese los dedos en una mezcla de harina y agua, y pegue otras 4 hojas alrededor de las centrales. Deje que sobresalga del plato buena parte de las láminas, como si fueran pétalos alrededor del corazón de una flor.

4 Extienda otra hoja en el centro y úntela generosamente con mantequilla.

5 Cubra el fondo con el relleno. Si lo desea, añada el resto de los ingredientes.

6 Cubra con una lámina de masa brick.

7 Doble los «pétalos» uno a uno...

8 ... y péguelos entre sí con la mezcla de harina y agua.

9 Termine con una última lámina, que pegará por encima. Unte toda la superficie generosamente con mantequilla.

PARA 8 PERSONAS - 40 MINUTOS DE PREPARACIÓN - 45 MIN DE COCCIÓN

PASTELA DE PICHÓN

- 1 paquete de hojas de masa brick
- 7 pichones
- 250 g de almendras peladas
- 3 cebollas grandes
- 12 huevos
- 200 g de mantequilla
- 100 g de azúcar
- 2 manojos de perejil
- ½ manojo de cilantro
- 1 cucharadita de canela
- 1 cucharadita de pimienta
- 1 pizca de azafrán
- ½ cucharadita de cúrcuma
- 5 cucharadas de aceite de girasol
- Aceite para freír
- Sal

PARA PEGAR
- 3 cucharadas de harina
- 2 cucharadas de agua

PARA DECORAR
- 100 g de azúcar glas
- 1 cucharada de canela

1 Ponga en una cacerola el aceite, la mantequilla, los pichones cortados en cuartos, las cebollas y las hierbas aromáticas picadas muy finas, la sal, la pimienta y la mitad de la canela. Mezcle, añada 200 ml de agua y cierre la cacerola. Al cabo de unos 15 minutos, cuando los pichones se hayan cocido, retírelos del fuego, deshuese la pechuga y reserve. Los muslos han de quedar enteros.

2 Bata los huevos con un poco de sal, pimienta, azafrán y cúrcuma en la salsa de cocer los pichones. Cuézalos sin dejar de remover con una espátula. Cuando estén hechos, páselos a un plato y deje que se enfríen.

3 Tueste las almendras en una sartén. Cuando se hayan enfriado, tritúrelas y añada el azúcar y el resto de la canela.

4 Precaliente el horno a 180 °C. Monte la pastela (véanse las páginas 104-105). Forre el fondo con los huevos ya fríos y disponga los pichones troceados sobre el relleno. Añada almendras al relleno. Hornee durante 30 minutos.

5 Antes de servir, espolvoree azúcar glas sobre la parte superior de la pastela y decore trazando diagonales con la canela.

PASTELAS

PASTELA DE POLLO

- 1 paquete de hojas de masa brick
- 1 pollo de 1,8 kg
- 1,5 kg de cebollas
- 1 limón
- 12 huevos
- 200 g de mantequilla semisalada
- 2 manojos de perejil
- 1 cucharadita de cúrcuma molida
- 1 pizca de azafrán
- 1 cucharadita de pimienta
- 1 cucharadita de sal
- 2 cucharadas de aceite de girasol

PARA PEGAR
- 3 cucharadas de harina
- 2 cucharadas de agua

1 Caliente la mantequilla y el aceite en una cacerola y ponga la cebolla picada, el perejil majado con las especias y el pollo cortado en 8 trozos. Al cabo de unos 15 minutos, cuando el pollo esté hecho, deshuéselo y reserve la carne.

2 Añada los huevos batidos con un poco de sal y pimienta a la salsa que queda en la cacerola. Remueva enérgicamente hasta que se desprendan. Viértalos en un plato y deje que se enfríen. Vierta el zumo de limón por encima.

3 Precaliente el horno a 180 °C. Monte la pastela (véanse las páginas 104-105). Forre el fondo con los huevos ya fríos y disponga el pollo troceado sobre el relleno. Hornee durante 30 minutos. Sirva caliente.

PASTELA DE POLLO Y ALMENDRAS

- 4 muslos de pollo
- 2 cebollas
- 2 cucharadas de cilantro picado
- 4 huevos
- 50 g de almendras peladas
- 10 uvas pasas
- 1 cucharadita de aceite de oliva
- Sal y pimienta
- 3 × 4 hojas de masa filo
- 10 g de mantequilla
- 2 claras de huevo
- 1 yema de huevo
- Azúcar glas
- 1 cucharadita de jengibre molido
- 1 pizca de azafrán
- 1 cucharadita de nuez moscada
- ½ cucharadita de pimentón
- Unas pizcas de canela

VARIANTE

También se puede elaborar con la carne de 2 pichones en lugar de pollo. La cocción es la misma.

1 Rehogue las cebollas picadas en aceite de oliva en una cacerola. Añada las especias, excepto la canela, la sal y la pimienta. Rehogue el pollo troceado. Añada la mitad del cilantro y 1 vaso de agua. Tape la cacerola y deje que cueza a fuego bajo. Saque la carne de la cacerola cuando se desprenda de los huesos, déjela enfriar y deshuésela.

2 Bata los huevos en un bol. Añada el resto del cilantro fresco. Reduzca la salsa que quede en el fondo de la cacerola y vierta los huevos batidos. Cuézalos a fuego lento, sin dejar de remover. Retire del fuego.

3 Precaliente el horno a 180 °C. Monte las minipastelas en moldes. Para cada una, corte 2 cuadrados de masa de 22 cm de lado y 2 discos del diámetro de los moldes. Unte con mantequilla los cuadrados, coloque uno encima del otro y póngalos en los moldes. Rellene con el relleno de pollo, añada almendras y uvas pasas. Cubra con los huevos revueltos. Termine con almendras y uvas pasas. Cierre las pastelas y unte la superficie con clara de huevo. Unte con mantequilla los discos de masa, coloque dos, uno encima de otro, y péguelos sobre las pastelas.

4 Unte las pastelas con yema de huevo, páselas a una bandeja engrasada y cuézalas 10 minutos por cada lado. Espolvoree azúcar glas y una pizca de canela.

PARA 4 MINIPASTELAS - 20 MINUTOS DE PREPARACIÓN - 30 DE MARINADO - 55 DE COCCIÓN

PASTELA DE BERENJENA Y CORDERO CONFITADO

- 1 porción de pierna de cordero de 200 g
- 1 cebolla
- 1 diente de ajo
- 30 g de jengibre fresco picado
- 1 berenjena mediana
- 1 zanahoria
- 2 cucharadas de aceite de oliva
- 3 ramitas de cilantro
- 3 ramitas de perejil plano
- 3 × 4 hojas de masa filo
- 10 g de mantequilla
- 1 pizca de nuez moscada
- 2 claras de huevo
- 1 yema de huevo
- ½ cucharadita de cilantro molido
- 1 cucharadita de pimentón
- 2 pizcas de pimienta de cayena
- 1 cucharadita de jengibre molido
- ½ cucharadita de comino
- Sal y pimienta

1 Mezcle 1 cucharada de cilantro fresco picado, 1 cucharada de perejil picado, la mitad del cilantro molido, la mitad del pimentón, 1 pizca de guindilla, la mitad del jengibre molido, el comino, sal, pimienta y 1 cucharada de aceite de oliva. Marine la carne de cordero en esta mezcla durante 30 minutos.

2 Precaliente el horno a 180 °C. Hornee la carne marinada durante 15 minutos. Déjela enfriar y córtela en dados pequeños.

3 Pique la cebolla y el jengibre, aplaste el ajo con la hoja de un cuchillo. Corte la berenjena y la zanahoria en dados pequeños. Pique la mitad del cilantro y del perejil. En una cacerola, rehogue en aceite la cebolla, el ajo y la zanahoria. Añada el resto de las especias y el jengibre picado. Remueva. Añada la berenjena, la mitad del perejil y el cilantro picados. Vierta 1 vaso de agua. Salpimiente. Tape y deje que cueza durante 20 minutos. Reduzca la salsa.

4 Monte las pastelas en moldes (véase la página 110). Reparta las verduras en las 4 pastelas, añada un poco de cilantro picado y cubra con el cordero. Termine con una capa gruesa de cilantro. Cierre las pastelas. Deje que cuezan en una bandeja engrasada durante 10 minutos por cada lado.

112 PASTELAS

PASTELA DE ABADEJO Y LIMÓN

- 200 g de filete de abadejo
- 3 manzanas golden
- 1 limón
- 30 g de mantequilla
- 3 higos maduros
- 300 ml de leche
- 1 hoja de laurel
- 2 cebollas cortadas en rodajas finas
- 6 granos de pimienta
- 2 cucharadas de cilantro picado
- 3 × 4 hojas de masa filo
- 2 claras de huevo
- 1 yema de huevo
- 1 pizca de hebras de azafrán

1 Pele las manzanas y córtelas en cuartos. Pele el limón y corte la pulpa en trozos. Rehogue las manzanas en 20 g de mantequilla sin que se doren. Añada el azafrán y la pulpa de limón y cueza a fuego lento hasta que el líquido se evapore. Aplaste la manzana y el limón con un tenedor. Corte los higos en dados pequeños, añádalos a las manzanas y remueva.

2 Mezcle la leche y 2 vasos de agua y vierta todo el líquido en una sartén poco profunda. Añada el laurel, las cebollas y los granos de pimienta. Sumerja el pescado en el líquido caliente y escálfelo durante 3 o 4 minutos. Escurra. Retire la piel y las espinas y desmenuce.

3 Precaliente el horno a 180 °C. Monte las pastelas en moldes (véase la página 110). Rellene cada uno empezando por una capa de cilantro picado y añada, en este orden, el abadejo desmenuzado, una capa de manzanas con higos, otra capa de cilantro, otra capa de abadejo y termine con una capa de manzanas. Cierre las pastelas. Colóquelas en una bandeja engrasada y deje que cuezan 10 minutos por cada lado.

PASTELA DE PESCADO Y GAMBAS

- 1 paquete de hojas de masa brick
- 1 kg de filetes de pescado blanco
- 500 g de gambas crudas peladas
- 1 bol grande de fideos chinos en remojo
- 3 dientes de ajo
- 1 manojo de cilantro
- 1 manojo de perejil
- 1 cucharada de pimentón
- 1 pizca de pimienta de cayena
- 1 cucharadita de comino
- 1 pizca de macis
- 2 cucharadas de vinagre
- 50 g de mantequilla
- 2 cucharadas de aceite de oliva
- ½ cucharadita de pimienta
- ½ cucharadita de sal

PARA PEGAR
- 3 cucharadas de harina
- 2 cucharadas de agua

1 Remoje en una ensaladera el pescado y las gambas junto con todas las especias, la sal, la pimienta, las hierbas aromáticas lavadas y cortadas finas y el ajo majado. Cubra con film transparente y deje reposar durante 1 hora en la nevera.

2 Derrita la mantequilla en una cacerola y añada el aceite. Cueza el pescado marinado hasta que la carne se desprenda. Añada los fideos sin dejar de remover y cueza durante 10 minutos a fuego bajo.

3 Precaliente el horno a 180 °C. Monte la pastela (véanse las págs. 104-105). Hornee durante 30 minutos.

PARA 4 MINIPASTELAS - 10 MINUTOS DE PREPARACIÓN - 30 DE MARINADO - 40 DE COCCIÓN

PASTELA DE MANGO Y GAMBAS

- 8 gambas crudas grandes
- 2 mangos no demasiado maduros
- 20 g de jengibre fresco
- El zumo de 1 naranja
- 1 cucharada de miel
- 1 cucharada de aceite de oliva
- 1 cucharada de sal
- El zumo de 1 lima
- 3 × 4 hojas de masa filo
- 2 cucharadas de cilantro picado
- 1 pizca de azafrán
- 2 claras de huevo
- 1 yema de huevo
- Azúcar glas
- 10 g de mantequilla

1 Pele los mangos y córtelos en tiras. Pele el jengibre y rállelo. Confite los mangos a fuego bajo en el zumo de naranja, el jengibre y la miel durante 20 minutos, sin dejar de remover.

2 Pele las gambas y marínelas en sal, zumo de lima y azafrán durante 30 minutos. Luego, saltéelas en aceite de oliva en una sartén a fuego vivo.

3 Precaliente el horno a 180 °C. Monte las pastelas en los moldes (véase la página 110). Espolvoree cilantro sobre cada una, coloque una capa gruesa de mango, 2 gambas y el resto del cilantro. Cierre las pastelas (véase la página 110).

4 Coloque las pastelas en una bandeja engrasada y deje que cuezan 10 minutos por cada lado. Espolvoree azúcar glas.

118 PASTELAS

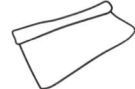

PASTELA DE PIMIENTO, TOMATE Y MIEL

- 3 tomates muy maduros
- 2 pimientos rojos
- 2 cucharadas de miel
- 1 cucharada de aceite de oliva
- 30 semillas de sésamo
- 5 dátiles carnosos
- 5 higos tiernos
- 5 almendras peladas
- 15 g de jengibre confitado
- 3 cucharadas de cilantro picado
- 30 pasas amarillas
- 3 × 4 hojas de masa filo
- 1 cucharadita de pimentón
- 1 cucharadita de canela
- 10 g de mantequilla
- 2 claras de huevo
- 1 yema de huevo
- Azúcar glas
- Sal y pimienta

CONSEJO

Si encuentra higos secos grandes y muy tiernos, póngalos en el centro de la pastela en lugar de los frutos secos.

1 Hornee los pimientos durante 25 minutos a 210 °C. Envuélvalos en una bolsa de plástico y déjelos enfriar. Pélelos y quíteles las semillas.

2 Blanquee los tomates durante 30 segundos en agua hirviendo, pélelos y córtelos en trozos pequeños. Ponga la pulpa en una cazuela a fuego fuerte. Remueva hasta que el líquido se evapore. Añada 1 cucharada de aceite de oliva, la canela, 1 pizca de pimienta y la miel. Remueva durante 20 minutos y vigile la cocción.

3 Dore las semillas de sésamo en una sartén. Pique los dátiles, los higos, las almendras, las pasas y el jengibre, y mézclelos en un bol.

4 Precaliente el horno a 180 °C. Monte las pastelas en moldes (véase la página 110). Adorne con tiras de pimiento. Salpimiente y añada 1 pizca de pimentón. A continuación, añada, en este orden, cilantro, una capa gruesa de confitura de tomate, 1 pizca de pimentón y semillas de sésamo. Salpimiente. Repita con cilantro, una capa de frutos secos, cilantro, confitura de tomate, unas semillas de sésamo tostadas y cilantro. Termine con tiras de pimiento. Cierre las pastelas. Póngalas en una bandeja engrasada y cuézalas 20 minutos por cada lado. Espolvoree azúcar glas.

PARA 4 MINIPASTELAS - 15 MINUTOS DE PREPARACIÓN - 45 MINUTOS DE COCCIÓN

PASTELA DE QUINOA Y FRUTOS SECOS

- 100 g de quinoa
- 1 manzana
- 1 pera
- 4 dátiles
- 1 higo maduro
- 10 g de jengibre confitado
- 6 almendras peladas
- 8 avellanas enteras
- El zumo de 1 naranja
- El zumo de 1 lima
- 1 cucharadita de agua de azahar
- 1 cucharada de azúcar moreno
- 3 × 4 hojas de masa filo
- 2 claras de huevo
- 1 yema de huevo
- 10 g de mantequilla
- 1 pizca de hebras de azafrán
- Unas pizcas de canela
- ½ cucharadita de comino molido
- Azúcar glas
- Sal

1 Cueza la quinoa según las indicaciones del fabricante. Ponga las hebras de azafrán en un bol con 1 cucharada de agua caliente. Deje enfriar la quinoa y mézclela con el agua de azafrán.

2 Pele la manzana y la pera, deshuese los dátiles, separe el rabito del higo y corte el higo en daditos. Corte el jengibre en trozos pequeños. En un bol, mezcle la manzana, la pera, los dátiles, las almendras, el higo, las avellanas y el jengibre. Vierta el zumo de naranja, el zumo de lima y el agua de azahar. Espolvoree azúcar moreno, 1 pizca de canela y comino. Añada la quinoa. Remueva bien y rectifique la sazón.

3 Precaliente el horno a 180 °C. Monte las pastelas en los moldes (véase la página 110). Rellénelas con el relleno y ciérrelas. Póngalas en una bandeja engrasada y deje que cuezan 10 minutos por cada lado. Espolvoree azúcar glas y canela.

PASTELA DE CALABAZA Y PISTACHO

- 300 g de calabaza
- 35 g de mantequilla
- 100 g de azúcar moreno
- 1 cucharada de agua de azahar
- 4 almendras peladas
- 10 pistachos
- 2 claras de huevo
- 1 yema de huevo
- Azúcar glas
- 3 × 2 láminas de masa filo
- 1 rama de canela
- 1 pizca de canela

CONSEJO

Puede disfrutarla templada o fría con fresas o una ensalada de naranja.

1 Pele y deshuese la calabaza, córtela en dados o rállela. Derrita 25 g de mantequilla. Cuando empiece a chisporrotear, añada los dados de calabaza. Añada el azúcar moreno y la rama de canela. Prosiga la cocción sin tapar durante aproximadamente 1 hora. Remueva de vez en cuando, hasta que obtenga un compota muy seca. Retire la rama de canela.

2 Añada las almendras y el agua de azahar. Mezcle y deje enfriar. Pique los pistachos muy finos.

3 Precaliente el horno a 180 °C. Monte las pastelas en moldes (véase la página 110). Cubra cada una de ellas con una capa de pistacho, una de relleno de calabaza y otra de pistacho. Cierre las pastelas. Colóquelas en una bandeja engrasada y deje que cuezan 10 minutos por cada lado. Espolvoree azúcar glas y canela.

PASTELA DE DÁTILES, AVELLANAS Y ALMENDRAS

- 8 dátiles carnosos
- 40 g de almendras
- 20 g de avellanas
- 1 manzana golden
- 1 cucharadita de agua de azahar
- 2 cucharadas de azúcar moreno
- 20 g de mantequilla
- 6 láminas de masa filo
- 2 claras de huevo
- 1 yema de huevo
- 20 g de azúcar glas
- 2 cucharaditas de canela

1 Deshuese los dátiles y cuézalos al vapor durante 30 minutos. Añada el agua de azahar durante la cocción. Aplástelos con un tenedor.

2 En una sartén antiadherente, tueste las almendras y mézclalas con las avellanas y 1 cucharada de azúcar moreno. Tritúrelo todo hasta que obtenga una mezcla gruesa. Añada los dátiles cocidos, la mitad de la mantequilla derretida y 1 cucharadita de canela. Mezcle el relleno.

3 Vacíe la manzana y, sin pelarla, córtela en rodajas finas. Pase las rodajas por una mezcla de 1 cucharada de azúcar moreno y 1 cucharadita de canela.

4 Precaliente el horno a 180 °C. Monte las pastelas en moldes (véase la página 110). Cubra con una capa de relleno, una rodaja de manzana, una capa más gruesa de relleno, otra rodaja de manzana y una última capa de relleno. Cierre las pastelas (véase la página 110). Póngalas en una bandeja engrasada y cuézalas 10 minutos por cada lado. Espolvoree azúcar glas y canela. Disfrútelas acompañadas de un té de hierbabuena.

PASTELA DE LECHE

- 20 hojas de masa brick
- 250 g de almendras peladas
- Aceite para freír

CREMA PASTELERA
- 4 yemas de huevo
- 150 g de azúcar
- 750 ml de leche hirviendo
- 2 cucharadas de harina
- 1 cucharada de azúcar avainillado

DECORACIÓN
- 4 claras de huevo
- 50 g de azúcar + 100 g para el caramelo

1 Fría las almendras, déjelas enfriar y píquelas en trozos grandes.

2 Prepare la crema pastelera. Bata las yemas de huevo con los azúcares, añada la harina y luego la leche hirviendo. Bata enérgicamente a fuego lento hasta que la crema espese.

3 Prepare la decoración. Bata las claras a punto de nieve con los 50 g de azúcar.

4 Una hora antes de servir, doble las láminas de masa brick en cuatro y fríalas. Póngalas sobre papel absorbente.

5 Coloque en una fuente redonda 4 triángulos de masa de manera que formen un círculo. Haga 2 capas de masa, extienda la mitad de la crema, espolvoree un tercio de las almendras y forme otro círculo con 4 láminas. Extienda el resto de la crema, espolvoree otro tercio de almendras y cubra con 4 láminas de masa brick.

6 Decore con el merengue y el resto de las almendras. Prepare rápidamente el caramelo cociendo a fuego muy lento el azúcar con 1 cucharada de agua. Vierta sobre la pastela y sirva.

MAKRUDS

- 500 g de sémola de grano medio
- 100 g de azúcar
- 3 huevos
- 100 ml de aceite de oliva
- La ralladura de 1 limón
- 150 ml de agua
- 100 g de miel
- 100 ml de aceite de cacahuete

RELLENO
- 250 g de dátiles deshuesados
- 100 g de nueces
- 1 huevo
- 1 cucharada de agua de azahar
- 1 cucharadita de canela

TRUCO
Para ahorrar tiempo, utilice pasta de dátiles ya preparada en lugar del relleno. Estos pasteles se conservarán hasta 8 días en un recipiente hermético.

1 Prepare el relleno. Pique muy finos los dátiles y las nueces, añada el agua de azahar y la canela; luego incorpore el huevo. Reserve.

2 En una sartén seca, tueste ligeramente la sémola a fuego fuerte, sin dejar de remover. Transfiérala a un plato hondo, añada el aceite de oliva, mezcle y deje reposar 1 hora.

3 Añada los huevos, el azúcar, la ralladura de limón y el agua, y amase. Forme una bola y divídala en seis partes. Sobre una superficie enharinada, estire cada una de las bolas de masa con un rodillo hasta que obtenga una lámina de 1 cm de grosor. Iguale los bordes y forme un rectángulo largo, extienda el relleno a lo largo, enrolle la masa alrededor del relleno y forme un rollo. Aplánelo con suavidad. Ha de quedar bastante fino. Córtelo en rodajas pequeñas y deje secar durante 1 hora.

4 Caliente el aceite de cacahuete en una sartén y fría los makruds rápidamente, dándoles la vuelta con cuidado para que no se deshagan. Caliente la miel, sumerja los makruds en ella y póngalos sobre papel absorbente.

CUERNOS DE GACELA CON ALMENDRAS

MASA
- 250 g de harina
- 100 g de mantequilla derretida
- 1 pizca de sal
- 3 cucharadas de agua de azahar

RELLENO
- 500 g de almendras peladas
- 150 g de azúcar
- 50 g de mantequilla derretida
- 2 cucharadas de agua de azahar

DECORACIÓN
- 5 cucharadas de agua de azahar
- 50 g de azúcar glas

VARIANTE
Sustituya la pasta de almendras por compota o mermelada de frutas.

1 Prepare el relleno. Triture las almendras y mézclelas con el azúcar, la mantequilla derretida y el agua de azahar. Amase hasta que obtenga una masa cremosa y compacta. Deje reposar.

2 Prepare la masa. Mezcle la harina, la sal, la mantequilla, el agua de azahar y un poco de agua fría. Amase; añada un poco de agua si es necesario para obtener una bola homogénea. Deje reposar durante 15 minutos.

3 Precaliente el horno a 180 °C. Divida la masa en 5 bolas. Estire la primera con un rodillo sobre una superficie enharinada hasta que obtenga un grosor de 1 cm. Corte un rectángulo. Ponga montoncitos de relleno a unos 4 cm de distancia. Doble una mitad del rectángulo sobre la otra. Presione los bordes de la masa para cerrarla bien. Con una rueda dentada, corte semicírculos alrededor de cada montoncito de relleno. Curve la masa para imitar los cuernos de una gacela.

4 Pinche los cuernos de gacela con un tenedor. Hornee durante 15 minutos en una bandeja forrada con papel de horno. Caliente el agua de azahar restante y con ella riegue los cuernos de gacela. Rebócelos en azúcar glas.

BAKLAVA DE FRUTOS SECOS

- 15 láminas de masa filo
- 100 g + 50 g de mantequilla derretida
- 250 g de nueces peladas
- 150 g de pistachos pelados y triturados
- 100 g de avellanas trituradas
- 150 g de azúcar
- 5 g de canela
- 2 cucharadas + 2 cucharadas de agua de azahar
- 100 g de almendras peladas
- 500 ml de miel líquida

1 Mezcle las nueces, los pistachos, las avellanas, 2 cucharadas de agua de azahar, 100 g de mantequilla derretida y el azúcar.

2 Precaliente el horno a 200 °C. Corte las láminas de masa filo en rectángulos del tamaño de un molde. Estire una lámina de masa filo sobre una superficie de trabajo y píntela con mantequilla. Ponga la segunda lámina de masa filo encima y píntela con mantequilla también. Repita con las 3 láminas que quedan. Pinte el molde con mantequilla. Ponga las 5 primeras láminas de masa filo. Cubra con una capa de relleno.

3 Repita con otras 5 láminas de masa filo, póngalas en el molde y extienda por encima el relleno restante. Pinte con mantequilla las 5 últimas láminas de masa filo. Póngalas en el molde. Espolvoree canela.

4 Corte el pastel en tiras rectangulares y luego en rombos con un cuchillo muy afilado. Ponga 1 almendra sobre cada rombo. Hornee durante 20 minutos.

5 Caliente la miel en una cazuela. Añada el resto del agua de azahar. Cuando saque el pastel del horno, unte la superficie con la miel caliente. Sirva caliente o frío con un té de hierbabuena.

MONTECAO

- 300 g de harina
- 120 g de azúcar glas
- La ralladura de ½ naranja
- 30 g de harina de almendra
- 1 sobre de levadura
- 80 g de mantequilla a temperatura ambiente
- 2 cucharadas de aceite vegetal
- 1 pizca de canela

1 Precaliente el horno a 150 °C. Mezcle la harina, el azúcar glas, la levadura, la harina de almendra y la ralladura de naranja. Añada la mantequilla y el aceite. Amase con suavidad.

2 Forme bolitas y deles forma de cúpula ligeramente achatada en la base. Espolvoree canela sobre la parte superior. Hornee durante unos 20 minutos sobre una bandeja engrasada.

ZALABIYA

- 125 g de harina tamizada
- 500 ml de agua
- 10 g de levadura fresca
- 1 pizca de sal
- 1 litro de aceite de cacahuete

SIROPE
- 500 g de miel líquida
- 500 ml de agua

1 Disuelva la levadura en un vaso de agua tibia. En un plato hondo grande, mezcle la harina, la sal, la levadura y el agua. La masa debe quedar lisa y sin grumos. Déjela reposar durante toda la noche cubierta con un paño limpio.

2 En una freidora, caliente el aceite de cacahuete a temperatura alta y luego baje la temperatura. Vierta 1 cucharón de masa en un embudo cuyo orificio habrá tapado con la mano. Retire la mano y deje que la masa caiga y forme rosetas. Dórelas 2 minutos por cada lado. Escúrralas sobre papel absorbente.

3 Para el almíbar, vierta la miel y el agua en una cazuela y caliente hasta que obtenga una consistencia espesa. Sumerja cuidadosamente cada roseta en el almíbar y colóquelas en una bandeja forrada con papel de horno sin que se superpongan. Son muy frágiles.

PARA 20 UNIDADES - 30 MINUTOS DE PREPARACIÓN - 25 MINUTOS DE COCCIÓN

ROLLITOS DE ROSA

MASA
- 500 g de harina tamizada
- 125 g de mantequilla derretida
- 3 cucharadas de agua

RELLENO
- 500 g de harina de almendra
- 200 g de azúcar
- 3 huevos batidos
- 1 pizca de colorante alimentario rojo

DECORACIÓN
- 10 g de almendras laminadas
- 3 cucharadas de miel líquida
- 1 cucharada de agua de rosas
- 1 huevo batido

VARIANTE
Rellene estos rollitos con una pasta de pistachos triturados y añada un poco de colorante verde.

1 Prepare la masa. Mezcle la harina, la mantequilla y el agua. Amase la masa y forme una bola. Añada un poco de agua si la mezcla no queda homogénea. Deje reposar.

2 Prepare el relleno. Mezcle la harina de almendra y el azúcar. Luego incorpore los huevos y el colorante. Amase hasta que obtenga una masa compacta.

3 Estire la masa sobre una superficie lisa enharinada hasta que obtenga una capa muy fina. Córtela en tiras de 10 cm. Ponga el relleno a lo largo de cada tira y enrolle la masa alrededor del relleno. Unte la superficie con huevo batido.

4 Precaliente el horno a 180 °C. Extienda las almendras laminadas. Pase los rollos de masa por las almendras para que estas se peguen a la superficie. Hornee durante 25 minutos en una bandeja forrada con papel de horno.

5 Caliente la miel en una cazuela pequeña y añada el agua de rosas. Pinte con la miel de rosas los rollos cocidos. Corte los rollos en trocitos del tamaño de un bocado.

PARA 10 UNIDADES - 40 MINUTOS DE PREPARACIÓN - 1 HORA DE REPOSO - 20 MINUTOS DE COCCIÓN

DULCES DE PISTACHO

MASA
- 250 g de harina
- 50 g de mantequilla a temperatura ambiente
- 1 huevo

RELLENO
- 100 g de pistachos pelados
- 125 g de harina de almendra
- 100 g de azúcar
- 2 huevos

SIROPE
- 300 ml de miel
- 1 cucharada de agua de azahar

DECORACIÓN
- Pistachos picados

1 Prepare la masa. Mezcle la harina, la mantequilla y el huevo. Amase bien y forme una bola. Añada un poco de agua helada si la masa está demasiado seca.

2 Prepare el relleno. Mezcle la harina de almendra, los pistachos y el azúcar. Añada los huevos. El relleno debe quedar compacto. Forme 10 bolitas.

3 Precaliente el horno a 180 °C. Estire la masa sobre una superficie enharinada hasta que quede muy fina. Corte discos pequeños con un cortapastas o un vaso boca abajo. Coloque las bolitas de relleno en el centro de cada disco y cierre la masa pellizcándola con los dedos, sin tapar el relleno por completo. Hornee durante 20 minutos.

4 Caliente la miel en una cazuela y añada el agua de azahar. Cuando esté almibarada, pinte las pastitas con ella y esparza pistachos picados por encima de cada una.

DEDOS DE NOVIA

RELLENO
- 500 g de harina de almendra
- 200 g de azúcar
- 3 huevos
- 1 sobre de levadura química
- 1 cucharada de agua de azahar

MASA
- 500 g de harina
- 125 g de mantequilla a temperatura ambiente
- 2 huevos

DECORACIÓN
- 20 almendras sin pelar
- 100 g de miel

1 Prepare el relleno. Mezcle la harina de almendra y el azúcar. Añada los huevos, la levadura y el agua de azahar. Amase el relleno hasta que obtenga una masa compacta.

2 Prepare la masa. Vierta 500 g de harina en un bol y haga un hueco en el centro. Añada los huevos y la mantequilla. Amase la masa y forme una bola. Añada un poco de agua tibia si no se trabaja fácilmente. Deje reposar durante 15 minutos.

3 Precaliente el horno a 190 °C. Estire la masa con un rodillo sobre una superficie enharinada hasta que quede muy fina. Corte 20 discos con un cortapastas de 8 cm de diámetro o un vaso.

4 Forme 20 tiras finas con el relleno. Colóquelas una a una sobre cada disco de masa: el relleno debe sobresalir ligeramente. Doble los bordes de la masa superponiendo los pliegues y cierre hundiendo ligeramente 1 almendra sobre la superficie, a modo de anillo.

5 Hornee durante 20 minutos. Caliente la miel en una cazuela. Pinte los dedos de novia con miel cuando aún estén tibios.

PARA 12 UNIDADES - 45 MINUTOS DE PREPARACIÓN - 30 MINUTOS DE COCCIÓN

KADAIF CON ALMENDRAS

- 500 g de masa para kadaif
- 250 g de harina de almendra
- 125 g de azúcar
- 1 pizca de azafrán
- 30 g de mantequilla derretida
- 2 cucharadas de agua de azahar
- 500 ml de miel
- 12 almendras peladas

1 Precaliente el horno a 180 °C. Mezcle la harina de almendra, el azúcar, 1 cucharada de agua de azahar y el azafrán. Divida el relleno en 12 bolitas y envuélvalas completamente con la masa para kadaif. Han de quedar muy redondas.

2 Unte con mantequilla un molde rectangular y coloque las bolitas apretándolas unas contra otras. Hornee durante 30 minutos. Han de quedar ligeramente doradas.

3 Caliente la miel y añada el resto del agua de azahar. Saque el molde del horno y rocíe miel caliente sobre los pasteles. Añada 1 almendra a cada bola. Deje enfriar y sirva frío.

MILHOJAS DE NARANJA ASADA CON MIEL

- 10 láminas de masa filo
- 75 g de mantequilla derretida
- 2 naranjas
- 3 cucharadas de miel
- 2 cucharadas de agua de azahar
- 30 hojas bonitas de hierbabuena
- 1 pizca de canela

1 Estire una lámina de masa filo sobre una superficie de trabajo. Píntela con mantequilla. Coloque la segunda lámina sobre la primera y píntela también con mantequilla. Apile otras dos láminas de la misma manera. Espolvoree canela y coloque encima 10 hojas de hierbabuena. Cubra con la quinta hoja y úntela con mantequilla. Corte discos de masa. Repita la operación con las 5 hojas de masa que quedan. En total, han de salir 18 discos de masa.

2 Precaliente el horno a 180 °C. Ponga los discos de masa filo en una bandeja forrada con papel de horno. Hornee durante 5 minutos.

3 Corte las naranjas con la piel en 12 rodajas muy finas. Caliente la miel en una sartén. Añada las rodajas de naranja y el agua de azahar. Dore las rodajas de naranja por ambos lados.

4 Monte los milhojas cuando las rodajas de naranja estén tibias: 1 disco de masa, 1 rodaja de naranja, 1 hoja de hierbabuena, 1 disco de masa, 1 rodaja de naranja, 1 disco de masa y 1 hoja de hierbabuena. Caliente durante 5 minutos en el horno a baja temperatura antes de servir.

YOYOS

- 350 g de harina
- 25 g de azúcar
- 1 pizca de sal
- 2 sobres de azúcar de vainilla
- 2 sobres de levadura
- 3 huevos
- 1 cucharada de agua de azahar
- 100 ml de aceite de cacahuete
- 250 g de miel líquida

1 Mezcle en un recipiente grande la harina, el azúcar, la sal, el azúcar avainillado y la levadura. Añada los huevos y el agua de azahar. Amase hasta que obtenga una masa muy flexible. Deje reposar durante 30 minutos a temperatura ambiente.

2 Haga rodar trozos de masa del tamaño de una nuez sobre la palma de la mano y forme bolitas con ellos. Haga rollos en forma de puro de 1 cm de grosor sobre una superficie de trabajo enharinada. Corte trozos de 10 cm de largo. Doble cada rollo en forma de pulsera y una los extremos.

3 Caliente el aceite de cacahuete en la freidora a alta temperatura. Baje la temperatura y fría los yoyos en tandas de cuatro durante unos 20 minutos cada tanda; doblarán su volumen. Deles la vuelta sin que se superpongan. Cuando se hayan dorado del todo, sáquelos y escúrralos sobre papel absorbente.

4 Caliente la miel en una cazuela y sumerja los yoyos cuando aún estén muy calientes. Sáquelos de la miel y disfrútelos fríos o calientes.

LOKUMS DE ROSA

- 500 g de azúcar cristalizado
- 500 ml de agua
- 100 g de almidón
- 50 g de goma arábiga
- 3 cucharadas de agua de rosas
- 2 cucharaditas de colorante alimentario rojo
- Unas gotas de zumo de limón
- 20 g de maicena
- 200 g de azúcar glas

TRUCO

Si no tiene goma arábiga, puede usar hojas de gelatina. Ponga 20 hojas de gelatina en remojo en agua fría antes de incorporarlas a la mezcla caliente. Deje reposar durante toda la noche.

VARIANTES

Añada pistachos, nueces, piñones picados, canela, jengibre, clavo o use colorante verde.

1 Mezcle el agua y el azúcar en una cazuela de fondo grueso. Caliente a fuego bajo, sin dejar de remover. Cuando la mezcla se haya espesado, añada poco a poco la maicena, la goma arábiga disuelta en un poco de agua, el colorante y el agua de rosas. No deje de remover hasta que la mezcla deje de pegarse a las paredes.

2 Estire la masa obtenida sobre una bandeja grande en la que haya espolvoreado fécula. Espere a que se enfríe y córtela en cuadrados. Espolvoree por encima generosamente azúcar glas. Los lokums se conservarán hasta 6 meses en un recipiente hermético a temperatura ambiente.

PARA 10 COPAS PEQUEÑAS - 1 HORA DE INFUSIÓN - 30 MINUTOS DE PREPARACIÓN
- 30 MINUTOS DE COCCIÓN - 12 HORAS DE REFRIGERACIÓN

GELATINA DE HIBISCO Y HIERBABUENA

GELATINA DE HIBISCO

- 3 cucharadas de flores de hibisco secas
- 200 ml de agua hirviendo
- 1 cucharada de agua de rosas
- 125 g de azúcar granulado
- 500 ml de agua
- Unas gotas de zumo de limón
- 7 hojas de gelatina
- 1 cucharada de semillas de sésamo

GELATINA DE HIERBABUENA

- 125 g de azúcar granulado
- 500 ml de agua
- Unas gotas de zumo de limón
- 2 cucharadas de sirope de hierbabuena
- 7 hojas de gelatina
- 20 g de pistachos pelados y triturados
- 5 g de semillas de sésamo blanco, tostadas

1 Sumerja las flores de hibisco en 200 ml de agua hirviendo. Tape, deje reposar 1 hora y filtre. Derrita el azúcar en el agua y el zumo de limón a fuego medio. Remueva durante 15 minutos. Cuando el almíbar se haya espesado, añada 3 cucharadas de la infusión de hibisco y el agua de rosas. Prolongue la cocción durante 10 minutos más a fuego bajo. Ponga las hojas de gelatina en un bol con agua fría en remojo para que se hinchen, escúrralas y añádalas al almíbar. Remueva hasta que se derritan. Vierta la preparación en un molde rectangular. Espere a que se enfríe y, luego, meta el molde en el frigorífico, para que la gelatina cuaje. Corte la gelatina en terrones.

2 Siga las mismas instrucciones para elaborar el almíbar para la gelatina de hierbabuena. Cuando se haya espesado, añada el sirope de hierbabuena. Ponga las hojas de gelatina en un bol con agua fría en remojo para que se hinchen, escúrralas y añádalas al almíbar. Remueva hasta que se derritan. Vierta la preparación en un molde rectangular. Esparza los pistachos por encima y mezcle. Espere a que se enfríe y, luego, meta el molde en el frigorífico durante toda la noche. Corte la gelatina en terrones.

3 Mezcle los dos dulces. Presente en copas pequeñas y espolvoree sésamo tostado.

HIGOS DE ALMENDRA

- 250 g de pasta de almendras blancas
- 100 g de pasta de dátiles
- 20 g de azúcar glas

1 Forme bolitas con la pasta de almendras y deles forma de higo ligeramente aplastado. Abra una cavidad con el dedo en la base de cada higo. La pared ha de quedar fina.

2 Forme bolitas con la pasta de dátil e introdúzcalas en los «higos blancos» con cuidado de no deformarlos. Cierre la cavidad con pasta de almendras.

3 Haga un corte en un lateral de los higos para que se vea la pasta de dátiles. Espolvoree azúcar glas.

HALVA DE PISTACHO

- 250 g de pistachos pelados y picados en trozos grandes
- 200 g de azúcar
- 250 ml de agua
- 300 g de sémola de grano medio
- 100 g de mantequilla
- El zumo de ½ limón

1 Derrita la mantequilla en una sartén. Dore la sémola a fuego lento sin dejar de remover.

2 Derrita el azúcar en el agua. Mezcle este almíbar con la sémola, el zumo de limón y los pistachos. Caliente a fuego bajo durante unos minutos y sin dejar de remover hasta que obtenga una masa firme. Vierta esta mezcla en una fuente rectangular. Deje enfriar durante al menos 12 horas.

3 Corte el halva en cuadrados o trozos no demasiado grandes. Este dulce se come en cantidades muy pequeñas.

BOCADITOS DE SÉSAMO

- 1 vaso de semillas de sésamo
- 1 vaso de azúcar
- 1 cucharada de aceite de cacahuete

TRUCO

Independientemente de la cantidad de dulce que desee preparar, use siempre la misma proporción de sésamo y azúcar.

1 Caliente una sartén antiadherente y ponga el azúcar y el sésamo. Deje que el azúcar se derrita a fuego muy bajo y que se dore hasta que se convierta en caramelo.

2 Engrase una bandeja de cobre y vierta el caramelo sobre ella. Extiéndalo con un rodillo y córtelo en rombos con un cuchillo mientras aún esté caliente y blando.

BOCADITOS DE ALMENDRA

- 1 vaso de almendras crudas
- ½ vaso de azúcar
- 1 cucharada de aceite de cacahuete

TRUCO

Use siempre la mitad de la cantidad de azúcar que de almendras.

1 Caliente una sartén antiadherente y añada el azúcar y las almendras. Deje que el azúcar se derrita y remueva con una espátula de madera hasta que se convierta en caramelo.

2 Engrase una bandeja de cobre, recoja cucharadas de almendra y forme montoncitos en la bandeja. Cuando el caramelo se haya enfriado, despegue los bocaditos de la bandeja y póngalos en un plato.

TÉ A LA HIERBABUENA

- 750 ml de agua
- 1 cucharada de té verde gunpowder
- 20 g de hierbabuena fresca
- 50 g de azúcar

NOTA
Este té es muy dulce y puede sustituir al postre al final de la comida.

1 Lave la hierbabuena y elimine la parte inferior de los tallos. Lleve el agua a ebullición.

2 Escalde la tetera; es decir, vierta un poco de agua hirviendo en el fondo y agite la tetera en círculos para que el agua suba por las paredes y las caliente; así se evita que la tetera absorba el calor del té. Deseche el agua.

3 Ponga el té verde en un bol pequeño. Cúbralo con agua hirviendo y deje que las hojas se abran durante 1 minuto. Filtre el té en un colador pequeño y tire el agua. Meta el té en la tetera.

4 Meta la hierbabuena en la tetera y retuerza los tallos para que desprendan su aroma. A continuación, vierta el azúcar. Cubra con agua hirviendo y deje infusionar durante 3 minutos sin mezclar.

5 Para mezclar, llene 2 o 3 veces un vaso de té y viértalo inmediatamente de nuevo en la tetera.

6 Deje infusionar entre 5 y 10 minutos, según sus preferencias (cuanto más tiempo se infusione, más intenso será el sabor del té; de lo contrario, predominará el de la hierbabuena). Para servir, filtre el té con un colador pequeño.

PARA 12 GALLETAS - 30 MINUTOS DE PREPARACIÓN - 30 MINUTOS DE COCCIÓN

GALLETAS DE ALMENDRA

- 350 g de almendras
- 200 g de harina
- 1 huevo
- 220 g de azúcar glas + 100 g

CONSERVACIÓN
Estas galletas se conservarán durante varias semanas en un recipiente metálico en un armario.

1 Precaliente el horno a 175 °C. Triture las almendras muy finas. Mézclelas con 220 g de azúcar glas, la harina y el huevo.

2 Extienda la masa en una capa fina sobre una superficie de trabajo enharinada. Corte las galletas con un cortapastas rectangular. Espolvoree el azúcar glas restante.

3 Hornee durante 30 minutos en una bandeja untada con mantequilla. Deben quedar secas y doradas. Disfrútelas con un té.

PARA 20 GALLETAS - 25 MINUTOS DE PREPARACIÓN - 20 MINUTOS DE COCCIÓN

GALLETAS DE SÉMOLA CON HIERBAS

- 500 g de sémola de grano medio
- 50 g de mantequilla a temperatura ambiente
- 1 cucharada de tomillo fresco
- 10 hojas de hierbabuena
- 1 ramita de romero picada fina
- 2 cucharadas de harina
- 1 cucharada de aceite de oliva

TRUCO

Si añade 1 cucharada de aceite de oliva al amasar, la masa quedará menos quebradiza.

1 Mezcle todos los ingredientes, amase y forme una bola con la masa. Si queda demasiado quebradiza, añada un poco de agua tibia.

2 Estire la masa sobre una superficie enharinada hasta tener una capa de 1 cm de grosor. Córtela en tiras de 5 cm de ancho y luego corte las tiras en forma de rectángulos o rombos.

3 Dórelos ligeramente en una sartén antiadherente engrasada durante unos 20 minutos a fuego medio. A media cocción, deles la vuelta con una espátula y con mucho cuidado para que no se desmenucen. Han de quedar dorados. Espere a que se enfríen antes de servirlos.

FLAN DE NARANJA E HIBISCO

- 1 naranja sanguina
- 10 g de flores de hibisco
- 200 ml de agua
- 1 cucharada de agua de azahar
- 150 g de harina
- 100 g de azúcar
- 3 huevos
- 500 ml de leche
- 30 g de mantequilla
- 1 pizca de sal

1 Lleve el agua a ebullición y añada las flores de hibisco. Hierva a fuego bajo durante 10 minutos. Deje reposar durante 1 hora. Cuele. Reserve 1 vaso de infusión.

2 Ralle la piel de la naranja muy fina y exprima la naranja. Ponga la harina en un plato hondo grande. Haga un hueco en el centro y añada el azúcar y 1 pizca de sal. Incorpore los huevos ligeramente batidos. Mezcle. Añada poco a poco la leche, el zumo de naranja, la infusión de hibisco, el agua de azahar y la ralladura. La masa ha de quedar lisa.

3 Precaliente el horno a 220 °C. Unte con mantequilla 6 moldes pequeños y reparta la masa. Cueza durante 40 minutos al baño maría. Vigile la cocción para que la superficie no se queme. Si se empiezan a dorar, cubra los flanes con papel de aluminio. Disfrútelos calientes o fríos.

TOSTADAS DE AGUA DE AZAHAR Y MIEL

- ½ pan rústico duro
- 250 ml de leche + 100 ml
- 4 huevos
- 200 ml de aceite vegetal
- 250 g de miel líquida
- 2 cucharadas de agua de azahar

VARIANTE

Mezcle la miel con pistachos, nueces, otros frutos secos o incluso zumo de naranja.

1 Corte el pan en rebanadas de 2 cm de grosor. Sumérjalas rápidamente en la leche sin que se empapen demasiado. Reserve.

2 Bata los huevos con 100 ml de leche en un plato hondo. Caliente el aceite a fuego fuerte en una sartén. Empape las rebanadas de pan en la mezcla de huevo y leche y fríalas rápidamente en el aceite. Deles la vuelta para que queden muy doradas por ambos lados.

3 Caliente la miel y el agua de azahar a fuego muy lento en una cazuela. Vierta la miel sobre las tostadas calientes y coma inmediatamente.

TORTITAS ARGELINAS

- 500 g de harina tamizada
- 3 huevos
- 400 ml de agua tibia
- 1 cucharadita de sal
- 2 cucharadas de sémola fina
- 250 ml de leche tibia
- 50 g de levadura de panadero fresca
- 1 terrón de azúcar
- 100 ml de aceite de cacahuete

1 Disuelva la levadura y el terrón de azúcar en un vaso de agua tibia. Deje reposar durante 15 minutos. En un recipiente grande y hondo, mezcle la harina, la sémola y los huevos enteros. Remueva hasta que obtenga una masa blanda. Añada la levadura, el agua, la leche y la sal, y remueva bien. Deje reposar durante 3 horas a temperatura ambiente cubierto con un paño. La masa debe duplicar su volumen.

2 Engrase y caliente una sartén antiadherente. Ponga 1 cucharada pequeña de masa. Deje que se cueza la tortita a fuego medio por un solo lado. Estará hecha cuando aparezcan multitud de agujeritos en la superficie. Ha de quedar esponjosa por dentro y dorada y crujiente por debajo.

3 No apile las tortitas calientes, para evitar que se peguen entre sí. Sírvalas con miel o zumo de naranja.

PARA 4 PERSONAS - 1 NOCHE DE REPOSO - 20 MINUTOS DE PREPARACIÓN - 40 MINUTOS DE COCCIÓN

TAYÍN DE FRUTAS FLAMBEADAS

- 1 taza de té Earl Grey
- 4 higos secos carnosos
- 16 uvas pasas
- 8 orejones de albaricoque
- 8 orejones de pera
- 4 ciruelas pasas
- 5 naranjas grandes
- 2 manzanas
- 1 pera Comice
- 2 cucharadas de miel líquida
- 2 cucharaditas de canela
- 1 cucharadita de harina de almendra
- 10 almendras peladas
- 8 avellanas
- 2 cucharadas de agua de azahar
- 4 higos frescos
- 1 cucharada de azúcar moreno
- 200 ml de alcohol de higos
- 1 puñado de almendras laminadas

1 Deje macerar los frutos secos en el té frío durante toda la noche.

2 Lave 2 naranjas y córtelas en rodajas de 1 cm. Pele las manzanas, vacíelas y córtelas en rodajas gruesas. Corte la pera en cuñas. Exprima las 3 naranjas que quedan, añada la miel y la canela al zumo.

3 Precaliente el horno a 220 °C. Cubra el fondo del tayín con rodajas de naranja. A continuación ponga, en este orden, una capa de frutos secos, zumo de naranja con miel, 1 pizca de almendra molida; las rodajas de manzana, zumo de naranja, las almendras peladas y las avellanas; otra capa de frutos secos, las cuñas de pera, zumo de naranja; frutos secos, zumo de naranja, almendra molida y agua de azahar. La fruta ha de acabar formando una cúpula de 12 cm de altura. Cubra y hornee durante 30 minutos. Si las frutas se secan, vierta el resto del zumo de naranja. Añada los 4 higos frescos en la parte superior del tayín y espolvoree azúcar moreno. Cueza durante 5 minutos más.

4 Caliente el alcohol de higos en una cazuela. Espolvoree almendras laminadas sobre el tayín. Vierta el alcohol caliente sobre las frutas y flambee la pirámide con una cerilla.

174 DULCES

MEMBRILLO, PERA Y FRUTOS SECOS CON MIEL

- 4 membrillos
- 8 cuadrados de dulce de membrillo de 2 × 2 cm
- 2 peras Comice firmes
- 2 higos secos
- 10 g de pasas doradas
- 1 taza de té caliente
- 10 g de nueces picadas
- 10 g de piñones
- 2 cucharadas de agua de azahar
- 4 cucharadas de miel de limonero

1 Rehidrate las uvas pasas en un bol con té caliente. Pele los membrillos y córtelos en dados grandes. Cuézalos a fuego lento en una cazuela con 100 ml de agua durante unos 15 minutos. Deben quedar cocidos, pero firmes. Pele las peras y córtelas en dados. Corte en cuatro los cuadrados de dulce de membrillo.

2 Disponga los membrillos, los cuadraditos de dulce de membrillo y las peras en forma de cúpula sobre 4 platos pequeños y esparza los frutos secos por encima. Rocíe con agua de azahar.

3 En una cazuela, caliente la miel hasta que se vuelva almibarada y viértala sobre la fruta justo antes de servir.

HIGOS FRESCOS ASADOS CON MIEL Y AZAFRÁN

- 12 higos frescos maduros pero firmes
- 20 g de mantequilla
- 3 cucharadas de miel
- 1 pizca de azafrán
- 1 pizca de hebras de azafrán (opcional)

1 Lave los higos. Ponga las hebras de azafrán en remojo en un poco de agua caliente.

2 Derrita la mantequilla en una sartén, vierta la miel y añada el azafrán. Ponga los higos en la sartén de modo que queden bien juntos. Rocíelos con el almíbar para que queden brillantes. Cuézalos durante 10 minutos a fuego bajo. Han de quedar firmes. Sírvalos templados.

ENSALADA ROJA CON AGUA DE ROSAS

- 4 higos frescos grandes
- 2 higos chumbos no demasiado maduros
- 2 granadas
- 1 racimo de uvas negras de 100 g
- 3 cucharadas de miel líquida
- 2 cucharadas de agua de rosas

1 Desgrane el racimo de uvas y las granadas. Pele los higos chumbos y córtelos en cuartos. Corte los higos frescos también en cuartos.

2 Mezcle la miel y el agua de rosas. Sirva la ensalada de frutas en vasos. Aderece con la miel al agua de rosas.

VARIANTE

Si desea una ensalada de frutas rojas aún más roja, prepare un almíbar con infusión de hibisco. Caliente 50 g de azúcar y 200 ml de agua. Añada 100 ml de infusión de flores de hibisco filtrada. Deje enfriar. Riegue la ensalada de frutas con esta mezcla.

TAYÍN DE FRUTAS CON SALSA DE FRESA

- 2 albaricoques
- 1 nectarina
- 1 manzana golden o reineta
- 1 pera conferencia
- 125 g de grosellas
- 500 g de fresas pequeñas
- 2 vainas de vainilla
- 50 g de mantequilla
- 75 g de azúcar
- 1 limón

1 Lave las fresas, séquelas y córteles el rabito. Exprima el limón.

2 Triture la mitad de las fresas. Vierta el zumo obtenido en una cazuela pequeña, añada 25 g de azúcar y mezcle. Lleve a ebullición y deje hervir a fuego medio hasta que se espese: la salsa ha de perder aproximadamente dos tercios del volumen inicial. Añada el zumo de limón y mezcle.

3 Lave el resto de la fruta. Corte la manzana en dieciséis trozos y la pera en ocho, a lo largo. Retire las pepitas. Corte la nectarina en ocho trozos y los albaricoques en cuatro, a lo largo. Deshuese. Corte las vainas de vainilla longitudinalmente por la mitad.

4 Derrita la mantequilla en una sartén muy grande a fuego fuerte. Espolvoree el resto del azúcar y, cuando se haya derretido, añada la manzana. Deje que se dore por ambos lados y añada la pera y la vainilla. En cuanto se dore la pera, añada los albaricoques y la nectarina. Mezcle y deje caramelizar brevemente.

5 Añada las grosellas y el resto de las fresas, sin mezclar. Vierta el zumo de fresas y lleve a ebullición. Sirva inmediatamente.

PARA 4 PERSONAS - 20 MINUTOS DE PREPARACIÓN - 1 HORA DE REFRIGERACIÓN

ENSALADA DE NARANJA

- 6 naranjas
- 50 g de azúcar (25 g si las naranjas son de temporada y muy dulces)
- 2 cucharadas de agua de azahar
- 1 rama de canela
- 1 ramita de hierbabuena

1 Ralle la piel de 1 naranja y póngala en una cazuela pequeña (reserve la naranja). Exprima 2 naranjas hasta que obtenga 200 ml de zumo. Viértalo en la cazuela, añada el azúcar y la rama de canela. Lleve a ebullición sin dejar de remover hasta que el azúcar se haya disuelto del todo. Deje infusionar a fuego bajo.

2 Retire los extremos de las naranjas y pélelas. Corte a derecha e izquierda del corazón de las naranjas y corte cada mitad en rodajas finas a lo ancho. Póngalas en una ensaladera.

3 Retire el zumo de naranja del fuego y saque la rama de canela. Añada el agua de azahar al zumo de naranja. Mezcle y vierta en la ensaladera. Cubra con film transparente y meta en el frigorífico durante al menos 1 hora.

4 Justo antes de servir, lave la hierbabuena, séquela y deshójela. Apile las hojas, enróllelas muy prietas y córtelas muy finas. Esparza la hierbabuena sobre los platos y sirva.

184 DULCES

PARA 4 PERSONAS - 10 MINUTOS DE PREPARACIÓN - 20 MINUTOS DE COCCIÓN

SOPA DE ALMENDRAS

- 750 ml de leche
- 250 g de harina de almendra
- 3 cucharadas de miel
- 1 pizca de cardamomo molido
- ½ pizca de anís verde molido
- 1 cucharadita de almendras laminadas

1 Mezcle la harina de almendras y la leche en una cazuela hasta que obtenga una pasta fina. Lleve a ebullición.

2 Añada la miel, el cardamomo y el anís. Baje el fuego. Remueva suavemente y cueza a fuego bajo durante 10 minutos.

3 Sirva caliente. Esparza almendras laminadas por encima.

PARA 4 PERSONAS - 10 MINUTOS DE PREPARACIÓN - 10 MINUTOS DE COCCIÓN - 2 HORAS DE REFRIGERACIÓN

FLAN DE FLOR DE AZAHAR

- 500 ml de leche
- 50-100 g de azúcar, según el gusto
- 45 g de maicena
- 20 ml de agua de rosas
- 40 ml de agua de flor de azahar
- 40 g de pistachos pelados y almendras peladas mezclados

1 Lleve a ebullición 400 ml de leche en una cazuela. Diluya la maicena en el resto de la leche.

2 Cuando la leche hierva, baje el fuego, agregue el azúcar, bata para disolverlo y añada la maicena sin dejar de batir. En cuanto se espese, retire la cazuela del fuego e incorpore el agua de rosas y el agua de azahar. Mezcle.

3 Vierta en 4 moldes y deje enfriar. Cuando estén a temperatura ambiente, cubra los moldes con film transparente y métalos en el frigorífico durante al menos 2 horas para que se enfríen del todo.

4 Pique las almendras y los pistachos. Dórelos en una sartén sin grasa a fuego medio-fuerte. Remueva con frecuencia.

5 Sirva los flanes con pistachos y almendra picada por encima.

ÍNDICE DE RECETAS

191

Título original: *Les petits Marabout – Couscous & tajines*

© 2026 Librero b.v. (edición española)
Hambakenwetering 8B
5231 DC 's-Hertogenbosch
Países Bajos
www.librero.nl

© Hachette Livre (Marabout), 2024

Recetas extraídas de los libros: *Tajines & couscous*, de Marianne Magnier-Moreno; *Tajines & pastillas, Loukoums gazelles & Cie*, de Marie Chemorin, y *Tajines, couscous & pastillas*, de Ghislaine Bénady y Nadjet Sefrioui

Fotografías: Charlotte Lascève, Édouard Sicot, Hiroko Mori y Michel Reuss

Supervisión editorial: Natacha Kotchetkova
Diseño de página: Manon Renucci
Maquetación: Frédéric Voisin

Producción de la edición española:
Traducción: Montserrat Asensio Fernández
Redacción y maquetación: deleatur, Barcelona

Distribución exclusiva de la edición española:
Librero IBP S. L.
C/ Paseo de los Olmos, n.º 20
Planta 1.º, oficina 7
28005 Madrid, España
www.librero-ibp.es

Printed by GPS in BiH, GRA112025
ISBN: 978-94-6499-214-4